跟着古人
游中国

跟着张骞体察西域风情

瑾　言◎主编

应急管理出版社
·北京·

图书在版编目（CIP）数据

跟着张骞体察西域风情 / 瑾言主编. -- 北京：应急管理出版社，2025. --（跟着古人游中国）. -- ISBN 978-7-5237-0892-7

Ⅰ. K928.9-49

中国国家版本馆 CIP 数据核字第 2024GJ9404 号

跟着张骞体察西域风情

主　　编　瑾　言
责任编辑　郭浩亮
封面设计　彭明军

出版发行　应急管理出版社（北京市朝阳区芍药居 35 号　100029）
电　　话　010-84657898（总编室）　010-84657880（读者服务部）
网　　址　www. cciph. com. cn
印　　刷　天津泰宇印务有限公司
经　　销　全国新华书店

开　　本　710mm×1000mm 1/16　**印张**　24　**字数**　240 千字
版　　次　2025 年 2 月第 1 版　2025 年 2 月第 1 次印刷
社内编号　20230578　**定价**　128.00 元（共六册）

前言

中国这片辽阔的大地上，拥有无数的自然景观与人文景观，从连绵起伏的山脉到蜿蜒曲折的河流，从一碧万顷的湖泊到古色古香的亭台楼阁……每一处景观都向我们展示着中华大地深厚的文化底蕴。

古时，文人墨客也会慕名游览名胜景观，并写下一篇篇佳作。那么，在他们的笔下这些景观又呈现出怎样的风貌呢？在我们编写的这套《跟着古人游中国》里，你会得到一些答案。

你可以跟着大旅行家徐霞客漫游华夏大地，欣赏鬼斧神工的“象鼻山”奇景，远眺银装素裹的玉龙雪山；跟随张骞的足迹，在河西走廊欣赏七彩的丹霞地貌，在帕米尔高原对抗凛冽的寒风；也可以一边吟诵谢灵运的优美词句，一边饱览我国的秀丽山水……

除了徐霞客、张骞、谢灵运，我们还请了郑和、沈括和郦道元当“导游”，并通过对他们足迹的记述，将祖国壮美的河山浓缩在笔端，展开一幅幅生动的历史画卷。这套书不仅是一部旅行指南，更是一部文化百科全书。无论你喜欢自然风光，还是对历史文化感兴趣，都能在这套书中找到乐趣。不仅如此，书中的旅游攻略板块还介绍了当地的美景、美食，并附有出行小贴士，为你日后的旅行做准备。

现在，让我们翻开这套《跟着古人游中国》，跟随先贤的脚步来一次跨越时空的旅行吧。

目录

跟着张骞游新疆

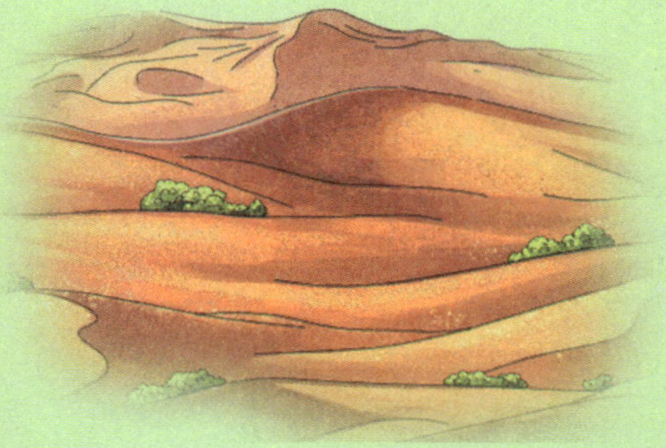

跟着张骞
游甘肃

张骞（？—前114），汉代杰出的外交家、旅行家、探险家，丝绸之路的开拓者。其亲历大宛、康居、大月氏、大夏等地，曾两次出使西域，加强了中原和西域的联系，开辟了中国通往西方的“丝绸之路”。

丝路重镇陇西

公元前138年，张骞率领百余名随从前往西域，想要联合与匈奴有着血海深仇的大月氏国夹击匈奴。使团途经陇西郡时稍作停留，因为出了陇西郡就进入河西走廊了。

现在的陇西县，在西汉时期是陇西郡的一部分。陇西县现存仰韶文化和齐家文化的遗址，也是天下李氏的发祥地。

李家龙宫

李家龙宫始建于初唐，竣工时，唐太宗李世民亲笔题写“李家龙宫”四个大字。之所以得此殊荣，是因为李氏皇族就发源于陇西李氏。李家龙宫坐北朝南，坐落于陇西县城南部，是唐代宫廷式古建筑群。李家龙宫由上、中、下三组建筑构成，规模宏大、气势雄伟，遍植古柏，显得庄严肃穆。

威远楼

威远楼位于陇西县城，始建于北宋年间。宰相韩琦为了攻夺失地和边防需要，在古渭州地修筑古渭砦城，并在砦东一里东北坊建了一座望谯楼。此楼威镇远方，故名威远楼。我们今天看到的威远楼是 1958 年重建的。威远楼为砖基三层木楼，结构严谨，造型雄伟。楼内珍藏着铜壶滴漏碑、铜钟、五岳真形图碑文等文物。

仁寿山森林公园

仁寿山森林公园位于陇西县城西南，建在美丽的渭河之滨，是省级森林公园。该园依山而建，景色优美，空气清新。园中有唐代诗人李贺墓、南宋名将李泽夫妇合葬墓、太白井、太白故里等 8 处遗址、遗迹。

陇西是“丝绸之路”上的重要城市，也是一座历史名城，直到今天，我们依然可以感受到它厚重的文化氛围。

原典精选

相和歌辞·陇西行

【唐】耿湋（wéi）

雪下阳关路，人稀陇戍头❶。

封狐❷犹未翦，边将岂无羞。

白草三冬色，黄云万里愁。

因思李都尉❸，毕竟不封侯。

咬文嚼字

❶戍头：戍守的边地。❷封狐：大狐，这里指边境敌人。❸李都尉：指陇西成纪（今甘肃秦安）人李广，西汉名将，曾任陇西都尉，功勋卓著却毕生不得封侯。

古文今译

雪花落在阳关的道路上，陇西戍楼外行人稀少。凶恶的敌人尚未剪除，这是让边将羞耻的事。边塞整个冬天都是白草的颜色，黄沙遮天蔽日，绵延万里，令人哀愁。因而我越发怀念飞将军李广，可惜他虽战功卓著，却一生都没能封侯。

知识面面观

仰韶文化和齐家文化

陇西县有仰韶文化和齐家文化的遗址和遗物。仰韶文化（公元前 5000 年至公元前 3000 年）是指分布在黄河中上游地区的新石器时代文化。因陶器中有彩陶出现，又称为彩陶文化。仰韶文化覆盖地域很广，向北可达长城沿线及河套平原，向南达汉水中游上段地区，向西达陇东，向东达豫中地区，因首次发现于河南渑池仰韶村而得名。仰韶文化以彩陶著称，代表器物为人面鱼纹彩陶盆。

齐家文化（公元前 2000 年）是以甘肃为中心的新石器时代晚期文化。齐家文化主要分布在甘肃洮河、大夏河、渭河上游和青海湟水等流域，因首次发现于甘肃和政齐家坪遗址而得名。齐家文化以精美的陶器著称，代表器物为双耳陶罐。

陇西出土的仰韶文化彩陶壶

陇西出土的齐家文化双耳陶罐

独具特色的祁连山

离开富庶的陇西郡，使团朝着河西走廊前行，随后看到了巍峨的山脉，那就是祁连山的北支。这说明他们已经来到河西走廊的入口了。

祁连山脉位于甘肃省西部、青海省东北部，为青藏高原的边缘山脉，以极具高原特色的动植物与气候著称。

祁连山自然保护区

祁连山自然保护区属于森林生态系统的自然保护区。它拥有森林、草原和现代冰川等生态特色，是珍稀动植物

的天堂。青海云杉、祁连圆柏、蓑羽鹤、卷羽鹈（tí）鹕（hú）等是这里的主要物种。这里的主要景点有蛤蟆泉、文殊寺、马蹄寺等。祁连山自然保护区风景秀丽，是避暑度假的胜地。

焉支山森林公园

焉支山又名燕支山，是祁连山的支脉，因山中盛产胭脂草，因此也叫胭脂山。焉支山自然风光秀美，是省级森林公园。公园中还有唐玄宗天宝年间建的钟山寺、宗教圣地玉皇殿、大佛殿等人文景观。

山丹军马场

山丹军马场位于祁连山北麓，是世界上历史最悠久的皇家马场，也是亚洲最大的军马场。这里培养出来的“山丹马”雄健剽悍、体形匀称，速度和持久力俱优。山丹军马场地势平坦、水草丰茂、风光旖（yǐ）旎（nǐ）。每年夏季这里会举办盛大的赛马会，同时还有马术表演、运动会、文艺表演、商贸交流等活动。

今天去祁连山，我们能欣赏冰川雪山、森林草原、河流瀑布、戈壁大漠、丹霞地貌等种种自然景观，也可以欣赏百里油菜花海、石窟壁画、岩画等人造景观。

原典精选

关山月

【唐】李白

明月出天山[1]，苍茫云海间。

长风几万里，吹度玉门关。

汉下白登道[2]，胡[3]窥[4]青海湾。

由来征战地，不见有人还。

戍客[5]望边邑[6]，思归多苦颜。

高楼[7]当此夜，叹息未应闲。

咬文嚼字

❶天山：祁连山。❷白登道：汉代著名大道，位于山西大同白登山下。❸胡：这里指吐蕃。❹窥：伺机图谋。❺戍客：驻守边疆的战士。❻边邑（yì）：边境地区。❼高楼：古诗中多以高楼代指闺阁，这里代指戍边士兵的妻子。

古文今译

明亮的月亮从天山那边升起，挂在苍茫的云海之间。东风浩浩荡荡掠过万里关山，吹到玉门关前。汉高祖被困白登山，胡人窥视青海。这里自古以来就是征战之地，多数将士出征没有回来。守边的士兵望着边塞景色，想到家乡，愁眉难展。今夜，征夫的妻子们，应该也叹息未眠。

知识面面观

祁连山的植被分布

祁连山的植被类型丰富多样，包括荒漠、高山草甸、灌丛和针叶林等，因受地形、海拔、气候等因素的影响而出现不同的垂直带。同时，由于祁连山山系延绵上千千米，所以其东部、中部、西部的植被垂直带呈现一定的差异，就连阴坡和阳坡也有不同。祁连山的珍稀植物如唐古特红景天、玉龙蕨、管花肉苁蓉、蒙古扁桃等就分布在这些垂直带中。

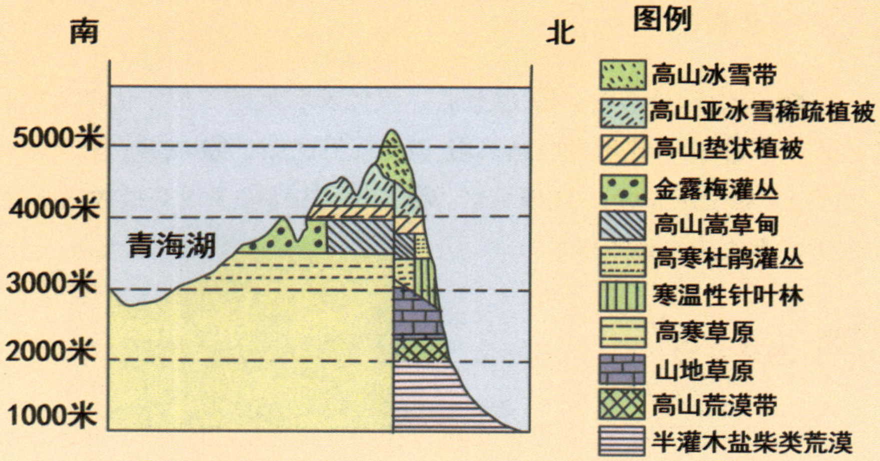

祁连山植被垂直带谱

漫步魅力武威

翻越祁连山后，张骞一行人便进入了河西走廊。河西走廊在甘肃省西北部祁连山以北、合黎山和龙首山以南、乌鞘（shāo）岭以西。因位于黄河以西而得名。这里自古以来就是中原和西域的交通要道，其中心城市就是武威。

天梯山石窟

天梯山石窟位于武威市城南天梯山上，是东晋十六国时期的北凉开凿的，也是我国开凿较早的石窟之一，有“石窟鼻祖”之称。天梯山石窟现存 18 个洞窟，洞窟里有很

多神态逼真的佛像，还有珍贵的壁画、佛龛等。

天梯山石窟具有较高的历史地位和艺术价值，主要景点有天梯大佛、天梯湖、围堰坝等。

雷台汉墓

1969 年，人们在武威市凉州区雷台（古人祭祀雷神的台子）下发掘出一座东汉晚期的砖石古墓。这座汉墓中有 200 多件文物，其中工艺水平最高的是一尊铜奔马，也就是大家耳熟能详的“马踏飞燕”。

今天，当地政府围绕雷台汉墓建起了一座雷台公园。如果在每年 8 月武威的天马旅游节召开时去这个公园，还能欣赏大型文艺节目演出，非常热闹。

武威文庙

武威文庙位于武威市凉州区，建于明朝正统年间，是凉州文人墨客祭孔之地。武威文庙是由文昌宫、孔庙、儒学院等构成的造型宏伟的宫阙建筑群。这些建筑布局对称，结构严谨，保持着原始院落的格局，是西北地区规模最大、保存最完整的文庙。

武威有大量的文化遗产和历史遗迹，堪称河西走廊的缩影。在这里，我们可以直观地认识“丝绸之路”丰富多彩的文化。

原典精选

凉州词

【唐】王翰

葡萄美酒夜光杯[1]，欲饮琵琶马上催。
醉卧沙场[2]君莫笑，古来征战几人回。

咬文嚼字

❶ 夜光杯：一种白玉制成的杯子。❷ 沙场：战场。

古文今译

酒筵上夜光杯里盛满葡萄美酒，正想开怀畅饮时，马上琵琶也声声响起。即使醉倒沙场，请诸君不要见笑，自古男儿出征，能有几人活着回来。

知识面面观

铜奔马

铜奔马，又名“马踏飞燕”“马超龙雀”等。飞燕指古代传说中的“龙雀”，为一种神鸟；马指天马，为一种神马。铜奔马造型生动活泼，马身着力点仅为一足，但又符合力学平衡原理，将浪漫的想象力和高超的制造工艺融为一体。1983年，铜奔马被国家旅游局确定为中国旅游标志。

多彩的张掖

穿过武威，张骞等人很快便来到了河西走廊的中段——张掖。张掖原本是月氏人居住的地方，现已成为匈奴右地。张骞一行人提心吊胆，唯恐被匈奴人发现，自然无心欣赏张掖的美景了。

如今的张掖有着得天独厚的自然景观、美丽异常的丹霞地貌等。

七彩丹霞景区

七彩丹霞景区位于张掖市临泽县、肃南县境内，是一个国家级的地质公园。这里有秀美如画、错落起伏的彩色丘陵，还有孤立的山峰和陡峭的奇岩怪石，是中国唯一一处彩色丘陵与丹霞地貌的高度复合区。

冰沟丹霞景区

冰沟丹霞位于张掖市肃南县境内，以赤红的峰林结构为主，素有“赤壁千仞”之称。景区群峰林立、高下参差，形成了鬼斧神工般的造型，如形似神龟的赑（bì）屃（xì）峰、酷似雄鹰头部的鹰头岩、酷似西方城堡式宫殿的卢浮魅影等。冰沟丹霞因奇特、壮观而被誉为“天下第一奇观”。

黑水国遗址

黑水国遗址位于张掖市甘州区明永镇，早在新石器时代，这里就有人类居住的痕迹。西汉时期，移居至此的匈奴被称为黑匈，加上这里有黑河流经，所以得名黑水国。黑水国一度商业繁荣，但最终在战争中消失了。今天，城址周围分布有大量汉、魏晋时期的墓葬群，以及小城、村落遗址等。

张掖市历史悠久，自然风光独特，旅游资源丰富，有“金张掖”的美誉。

原典精选

甘州

【清】邓廷桢

自别酒泉问张掖，直迎弱水❶下删丹❷。
九州地到流沙尽，两戒山❸连大漠寒。
度土司空❹怀德远，登坛飞将叹才难。
开元旧曲❺声悲壮，拟倩❻曹纲❼妙手弹。

咬文嚼字

❶弱水：今黑河，甘肃省最大的内陆河。❷删丹：今张掖市山丹县。❸两戒山：两个国家之间的界山。❹度土司空：指唐代名将郭子仪，他曾到甘州击退异族入侵者，这里诗人暗喻自己被流放到边地。度土，指来到国境之外。❺开元旧曲：指《甘州》，是唐玄宗时的教坊大曲。❻倩：请。❼曹纲：唐代琵琶演奏家。

古文今译

（我）自从告别酒泉前往张掖，便迎着弱水来到删丹。遇到流沙就到了九州的尽头，两国的界山与寒冷的大漠相连。我来到边地感怀朝廷恩德越来越远，登上将坛的将军感叹怀才不遇。《甘州》的声音太悲壮了，我想请曹纲施展妙手弹奏一曲。

知识面面观

丹霞地貌是如何形成的？

丹霞地貌分布在我国的甘肃、四川、贵州、广东等省。丹霞地貌主要受造山运动的影响而形成，例如，丹霞地貌的命名地广东丹霞山，原本是一个盆地，四面山地隆起时，大量红色砂砾岩落入盆地，形成了巨厚的红色岩层。后来，地壳上升时，岩层又因受到风力侵蚀和流水切割，逐渐形成了红色山群。

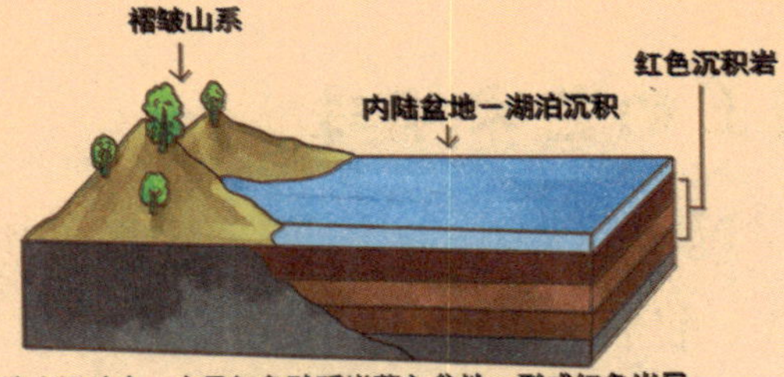

造山运动中，大量红色砂砾岩落入盆地，形成红色岩层

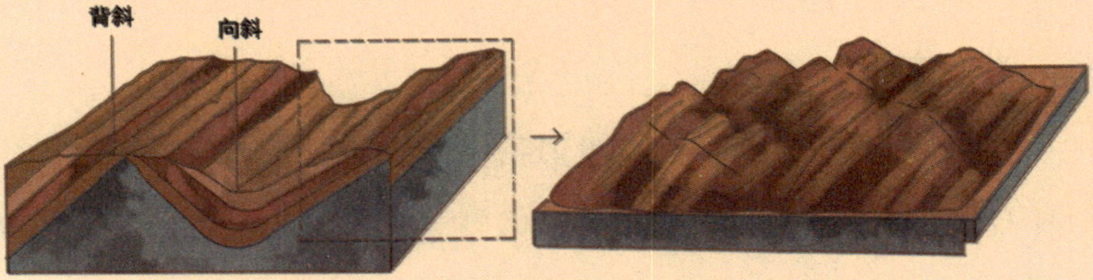

红色的岩层被地壳运动抬升至地表，接受风化侵蚀，形成彩色丘陵

丹霞地貌形成示意图

“大漠明珠”莫高窟

张骞一行人一路向西来到了敦煌，这里已是河西走廊的尽头。

这里到处是大漠和戈壁，张骞目之所及皆是荒凉苍茫的景色。然而，他绝对想不到，后世会有一颗璀璨的艺术明珠在这里诞生。

沙漠上的艺术明珠

莫高窟位于敦煌市东南鸣沙山上，开凿时间从十六国时期至元代，前后延续约1000年。莫高窟现存洞窟735个，其中有壁画和雕塑的近500窟。莫高窟保存壁画4.5万多平方米，彩塑像2415尊。第17窟为藏经洞，有大批敦煌遗书和文物，可惜20世纪初被前来“探险”的外国汉学家洗劫一空。

莫高窟的彩塑艺术成就最高，代表作有佛像、菩萨像、金刚力士等。最大的佛像是位于莫高窟九层楼（第96窟）的弥勒像，高33米。

莫高窟的壁画是莫高窟艺术中的瑰宝，与彩塑艺术互相配合、相得益彰。壁画的题材主要包括佛经故事、神话传说、佛像等，其中以衣裙飘逸、彩带飞舞、身姿曼妙的飞天（佛教中在空中飞舞的神）形象最为著名。

莫高窟既有建筑之美、艺术之美，更有文化之美，是一座具有极高艺术价值和文化内涵的石窟艺术宝库，是中国古代文化和艺术的瑰宝。

月牙泉

月牙泉环抱于鸣沙山中，因形如月牙而得名。它被黄沙包围，泉水清澈，千年不干涸，形成沙泉共生的奇观，被誉为“沙漠第一泉”。

原典精选

但倚幽崖深谷间，疏岩凿石，缔造佛像万计。或装塑宝座，或绘画悬壁，色相庄严，灿然妙善，足征[1]西域当年修佛之盛也。……庚子孟夏[2]，新开洞窟偏北，复掘得复洞[3]，内藏释典充宇，铜佛银座，侧有碑云唐大中五年[4]沙门洪[5]立。

选自《重修千佛洞三层楼功德碑记》

作者：［清］郭璘

咬文嚼字

❶ 征：验证，证明。❷ 庚（gēng）子孟夏：指 1900 年农历四月。孟夏，夏季的第一个月。❸ 复洞：洞穴中又有洞穴。❹ 大中五年：公元 851 年。大中，唐宣宗年号。❺ 沙门洪：名叫洪的僧人。

古文今译

倚靠着悬崖深谷，开凿岩石，雕刻了上万尊佛像。有的塑有宝座，有的在峭壁上画上壁画，色彩和形象都非常庄严，灿烂美妙，可以证明当年西域修造佛窟的风气多么兴盛。……1900 年初夏，新开辟偏北方的洞穴，掘开洞窟后发现里面还有洞穴，并且里面满是佛经，还有坐在银质宝座上的铜佛，旁边碑上的文字显示此碑是唐代大中五年的僧人洪所立。

知识面面观

四大石窟

莫高窟：集建筑、雕塑、绘画于一身的美术宝库。

云冈石窟：位于山西大同武州山，早期洞窟的佛像充满西域情调，后期洞窟的佛像则开启了“瘦骨清像”之风。

龙门石窟：位于河南洛阳龙门山上，是世界上造像最多、规模最大的石刻艺术宝库，并呈现出了中国化、世俗化的趋势。

麦积山石窟：位于甘肃天水麦积山上，以精美的泥塑艺术享誉世界。

云冈石窟的露天大佛

麦积山石窟的小沙弥

春风不度玉门关

按照向导甘父的指引，张骞率领使团继续前行，马上就走出河西走廊了。不幸的是，他们被匈奴骑兵发现，成了俘虏。

当时的张骞可能不会想到，十几年后，河西走廊归入了大汉帝国的版图，并建起了雄伟的玉门关和阳关。

玉门关遗址

玉门关遗址位于敦煌西北，是一座方形的城堡，又称小方盘城。此处被广阔无垠的戈壁滩包围着，我们可以欣赏到一望无际的戈壁风光。

虽然如今这里一片荒凉，但是当年东来西往的客商、使者、僧人等奔走于玉门关下，将中原的丝绸、茶叶和瓷器送往西域，又将西域的良马、骆驼、香料、瓜果等带到中原，非常热闹。

其他玉门关

其实，历史上的玉门关不止一处。例如，位于玉门新市区以北的赤金峡水利风景区内就有一座古老的玉门关遗址，如今已经修复了。该景区景色秀丽、气候宜人，值得去游览一番。此外，瓜州境内也有一座玉门关，位于锁阳城遗址北，唐代诗人笔下的玉门关，很多指的是瓜州的玉门关。

阳关遗址

“劝君更尽一杯酒，西出阳关无故人。”这是唐代诗人王维《渭城曲》中的诗句。阳关在玉门关南数十里的地方，与玉门关并称“两关”，在千年的时光中一同守护着“丝绸之路”。今天，阳关大部分古建筑被流沙掩埋，仅存古老的烽燧，但是我们依稀能辨认出当年的风貌。

遥想当年，玉门关、阳关等边塞雄关内外，人喊马嘶、驼铃悠悠，多么繁荣，如今仅余孤零零的古关城矗立在荒漠戈壁之上，令人唏嘘不已。

原典精选

凉州词

【唐】王之涣

黄河远上白云间，一片孤城万仞❶山。
羌笛❷何须怨杨柳❸，春风不度玉门关。

咬文嚼字

❶万仞：一仞约等于八尺。万仞，形容山很高。❷羌（qiāng）笛：古代羌人所制的一种管乐器。❸杨柳：指《折杨柳》曲，曲调哀怨。

古文今译

黄河气势磅礴好像奔流在白云之间，一座孤城背靠万仞高山。何必用羌笛吹起那首《折杨柳》，去埋怨春光迟迟不来呢，春风从来都吹不到玉门关。

知识面面观

嘉峪关

河西走廊西部有三个著名的关隘，并称“三关”。除始建于西汉的玉门关和阳关外，还有一座嘉峪关。嘉峪关是在中原王朝失去对西域的控制后修建的，也是明长城最西端关口。嘉峪关依山而筑、气势恢宏，有“天下第一雄关”之称。

甘肃游玩要点

景点

- **莫高窟：** 位于敦煌市东南，以独具特色的壁画和雕塑著称。
- **拉卜楞寺：** 位于夏河县，有“世界藏学府”的美誉，建筑壮丽，文物、典籍众多。
- **崆（kōng）峒（tóng）山：** 位于平凉市西，景色秀美，动植物资源丰富，还是道教名山。
- **黄河石林：** 位于景泰县，这里有壮观恢宏的石林群、气势磅礴的黄河。
- **甘肃省博物馆：** 位于兰州市，馆内有藏品8万余件，包括著名的铜奔马、“驿使图”画像砖等。
- **嘉峪关：** 位于嘉峪关市西，是明长城最西端关口，建筑宏伟。
- **麦积山石窟：** 位于天水市麦积区，里面有大量的泥塑造像和宗教、艺术等方面的实物资料。

美食

甘肃的美食有兰州牛肉面、天水呱呱、陇西腊肉、静宁烧鸡、嘉峪关烤肉、手抓羊肉、金钱肉、浆水面、酿皮子等。

小贴士

1 在沙漠景区游玩，要注意防沙、防尘，保护好眼睛和呼吸道。

2 甘肃气候多变，要注意保暖和防晒。

3 不要乱扔垃圾，勿破坏植被。在丹霞地貌等生态环境脆弱的景点游玩时，不要乱踩乱踏。

跟着张骞
游新疆

“丝路”要塞吐鲁番

张骞等人被押到了匈奴的王庭（今内蒙古呼和浩特附近），被软禁了十年之久。公元前129年，张骞趁匈奴防备松懈，带上随从逃了出来，历尽艰辛来到了车师国，也就是今天的新疆吐鲁番。

吐鲁番是新疆连接内地和中亚地区的枢纽，在当时则是西域重要的政治、经济和文化中心，也是“丝绸之路”上重要的交通要塞。

葡萄沟

葡萄沟位于吐鲁番市区东北，是火焰山下的一处峡谷。

沟内溪流遍布，漫山遍野都是茂密的葡萄架。跟沟外比起来，这里就像是另一个世界。在葡萄沟，你不仅能品尝到世界上最甜的葡萄，还能欣赏到独具特色的美景，领略到维吾尔族的民俗风情和文化。

火焰山

火焰山在吐鲁番市以东10千米处，是天山的支脉。火焰山地形高低起伏，炎热的夏季，在强烈的阳光照射下，岩石反射出热浪，热气流不停地往上升，就像是大火在燃烧一样。《西游记》里阻挡唐僧师徒四人前行的火焰山原型就是这座山。

交河故城

交河故城是公元前2世纪至5世纪由车师人开创和建造的，有着悠久的历史。它是从地面往下挖掘建成的，在国内外都很罕见。得益于吐鲁番干燥少雨的气候特点，建造者不用担心排水问题，因此，这座世界上最大、最古老的生土建筑城市至今保存完好。交河故城的四周都是山崖，东、西、南三面的悬崖上都有城门，大有“一夫当关，万夫莫开”之势。

吐鲁番既有美丽的自然风光，又有深厚的历史文化底蕴，探访这里，能给我们带来独特的感受。

原典精选

古从军行

【唐】李颀

白日登山望烽火，黄昏饮马傍交河[1]。

行人刁斗[2]风沙暗，公主琵琶[3]幽怨多。

野云万里无城郭，雨雪纷纷连大漠。

胡雁哀鸣夜夜飞，胡儿眼泪双双落。

闻道玉门犹被遮[4]，应将性命逐轻车[5]。

年年战骨埋荒外，空见葡萄入汉家！

咬文嚼字

❶ 交河：在今新疆吐鲁番附近。❷ 刁斗：古代军用器具，白天供一人烧饭，夜间敲击来巡更。❸ 公主琵琶：汉武帝时期典故。汉武帝以宗室女刘细君嫁给乌孙国王，公主在途中烦闷，故弹琵琶来娱乐。❹ “闻道”句：李广利攻大宛不利，上书请求罢兵回国，汉武帝大怒，下令遮断玉门关。❺ 轻车：汉代将军名。

古文今译

白天登山观望烽火台，黄昏到交河边给马饮水。风沙昏暗，刁斗声传来，就像汉朝公主弹琵琶的幽怨声。旷野云雾茫茫，万里不见人烟，雨雪纷飞，笼罩着广袤的沙漠。胡雁失群哀叫，夜夜飞绕，胡儿听到泪落不已。听说玉门被遮断，战事不断，只能跟着将军去拼命。每年不知有多少战士埋骨荒野，换来的只是将葡萄栽进汉家宫苑。

知识面面观

坎儿井

新疆地区虽干旱少雨，地下水资源却比较丰富，于是聪明的劳动人民就创造了“坎儿井”这种开发利用地下水的灌溉工程。坎儿井主要包括竖井、暗渠和明渠等。竖井是在开挖暗渠时定位、出土和通风用的；暗渠一般长 10 千米以上，分为集水和输水两大部分，前者深入含水层，收集地下水之后通过后者将水引出地面，与地面的明渠相连。

坎儿井的构造

富饶美丽的天山

张骞在车师人那里得知大月氏人被乌孙人打跑了，西迁到了中亚地区的阿姆河流域。于是，他决定沿着天山前行，翻过葱岭去阿姆河流域。

天山位于欧亚大陆腹地，是一座巨大的国际山系，横跨中国、哈萨克斯坦、吉尔吉斯斯坦和乌兹别克斯坦四个国家。由于天山有着世界上最大的山岳冰川，雪融水形成的内陆河流灌溉着牧场，孕育了新疆人民，所以被称为“新疆的母亲山”。

天山天池

天山天池位于天山博格达峰北坡，它就是我国古籍中的王母娘娘居住的瑶池的原型。天池湖面海拔达到 1980 米，面积 4.9 平方千米，湖的最深处达 105 米。天池平静如镜的湖面与远方的雪山相映生辉，有“天山明珠”的盛誉。

博斯腾湖

博斯腾湖处于天山东段南坡焉耆（qí）盆地最低洼的地方，是新疆最大的湖泊，也是中国最大的内陆淡水湖。湖面海拔为 1048 米，水域面积为 1019 平方千米，最深处为 16.5 米。博斯腾湖盛产新疆大头鱼，湖边遍生芦苇，湖西有铁门关水库，风景十分秀丽。

天山大峡谷景区

天山大峡谷位于天山北坡，那里有雪山、森林、湖泊、草原等美景，是避暑的好去处。峡谷蜿蜒曲折，两侧的红褐色岩石别具一格，走在里面就像在画廊里游赏。二湖、三瀑、四溪、十八谷相映生辉，有“五岳归来不看山，大峡谷归来常忆谷”的美誉。

天山自然带多种多样，相互融合，自然景观雄伟壮丽、神秘莫测，吸引了无数游客。

原典精选

天子觞❶西王母于瑶池之上。西王母为天子谣，曰："白云在天，丘陵自出。道里悠远，山川间❷之。将❸子无死，尚能复来。"天子答之曰："予归东土，和治诸夏❹。万民平均❺，吾顾❻见汝。比及❼三年，将复而❽野。"

选自《穆天子传》

作者：佚名

咬文嚼字

❶ 觞（shāng）：敬酒。❷ 间（jiàn）：隔开。❸ 将：如果，假若。❹ 诸夏：中原地区。❺ 万民平均：指天下公正、有秩序。❻ 顾：回来。❼ 比及：及至，等到。❽ 而：同"尔"，你，你的。

古文今译

周穆王在瑶池上向西王母敬酒。西王母为周穆王唱了一首歌："白云在天上，丘陵自己出现。我和你相距遥远，又有山川阻隔。如果你不死的话，希望还能回来。"周穆王回赠了一首歌："我回到东方，让中原变得和睦。天下公正之后，就会回来看你。等到三年后，我会重回这里。"

知识面面观

天山生态系统

天山是世界上唯一被巨大沙漠夹持的大型山脉，有着特殊的生物区系和生态过程，其生态系统完整且典型。天山有着全球温带干旱区最为典型的完整山地垂直自然带谱，反映出温带干旱区山地生物生态过程和生物多样性会受到坡向、坡度与海拔等的直接影响。

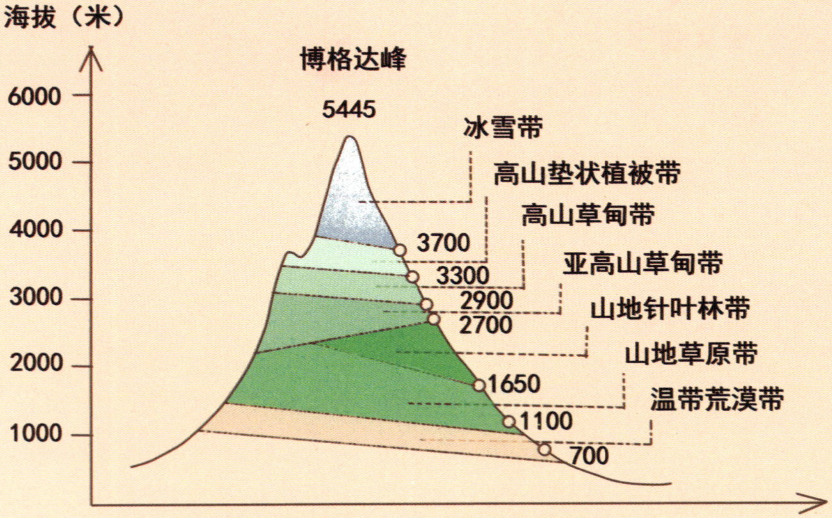

天山博格达峰垂直自然带谱

神奇的塔里木盆地

沿着天山，张骞等人进入了塔里木盆地。

塔里木盆地位于新疆南部，在天山、昆仑山和阿尔金山之间，它的中心地带是辽阔的沙漠。盆地中不仅蕴藏着丰富的石油和天然气资源，还有一条很重要的河——塔里木河。塔里木河以南则是著名的塔克拉玛干沙漠。

约特干遗址

西汉时期，于阗国是西域三十六国中非常强大的一个，其疆域曾覆盖塔里木盆地南部，是“丝绸之路”上的一个重要据点，也是四方商贾的集散地。

今天和田市西的约特干遗址，曾是于阗国的重要聚落。历代出土的文物都是在地表以下5米的地方发现的，有陶俑、古钱、金质铸像和玉块等。

精绝古国遗址

精绝国也是西汉时期西域三十六国之一。它位于尼雅河畔的绿洲上，是一个比较小的城邦国家。由于处于“丝绸之路”的必经之地，这里也曾富庶一时。到了东汉后期，精绝国被强大的鄯善国兼并。

今天民丰县的尼雅遗址便是精绝国故址，它以佛塔为中心，沿古尼雅河道向南北两个方向呈带状分布，其间散落着寺院、城垣、房屋、墓葬、水渠等遗迹。尼雅遗址建筑均被沙丘覆盖，出土了大量铜器、铁器、陶器、石器、木器、汉锦、毛织物等。

英尔力克沙漠

英尔力克沙漠在和田市西北，是塔克拉玛干沙漠的一部分。这里离和田市区不远，沙丘一望无际，生长有骆驼刺、芨芨草、胡杨和红柳等耐旱植物。沙漠南部的莫尔力克水库，波光粼粼，景色十分壮观。

塔里木盆地丰富的自然资源、独特的地理风貌和悠久的人文历史吸引着无数人的目光。

原典精选

从媲摩城❶东入砂碛❷，行二百余里，至泥壤城❸。又从此东入流沙❹，风动沙流，地无水草，多热毒鬼魅❺之患。无径路，行人往返，望人畜遗骸以为标帜❻。

选自《大慈恩寺三藏法师传》

作者：[唐]慧立、彦悰

咬文嚼字

❶ 媲（pì）摩城：今新疆策勒北。❷ 砂碛（qì）：沙漠。❸ 泥壤城：今新疆民丰北。❹ 流沙：即塔克拉玛干沙漠。❺ 热毒鬼魅：《大唐西域记》记载此处“多热风，风起则人畜昏迷，因以成病”，并说常能听到歌啸号哭之声，古人认为是鬼魅作祟，实际是风吹沙丘的响声。❻ 标帜：标志。

古文今译

玄奘法师从媲摩城向东进入沙漠，走了二百多里，到达泥壤城。从泥壤城再向东走，就进入了塔克拉玛干沙漠。这里沙石随着风转动，没有水也没有草，有很多热毒鬼魅为患。而且没有路径，来往的行人只能以人畜的遗骨为标记。

知识面面观

塔里木盆地的中国之最

塔里木盆地在中国享有三个“之最”，你知道是什么吗？

（1）塔里木盆地是我国最大的盆地，面积约 53 万平方千米。

（2）塔里木盆地里的塔克拉玛干沙漠是我国最大的沙漠，面积约为 33.76 万平方千米。

（3）塔里木盆地里的塔里木河是我国最长的内陆河，全长 2137 千米。

塔里木盆地里的沙漠与河流

边陲重镇喀什

张骞一行人沿着塔里木盆地到达了疏勒国，并在那里做了短暂的停留。他们之所以来疏勒，是因为这里位于帕米尔高原东北麓，想去大月氏，必须翻越帕米尔高原。

张骞离开疏勒后没多少年，疏勒就成为“丝绸之路”上的重镇。今天，疏勒国所在地喀什已成为边陲的一座美丽且富有民族风情的城市。

罕诺依古城

罕诺依是疏勒管辖的城镇之一，曾是疏勒国的大城市。罕诺依古城在唐宋时期特别繁荣，这里连接中亚、西亚和中原，是重要的商业中心。现在我们在这座古城可以看见以前的铁器、铜器等器物，还有当时人们生活、工作和进行宗教活动的地方。

班超城

班超城位于喀什，曾是疏勒王宫所在地。后来，龟（qiū）兹（cí）人兜题率军杀死了疏勒王，自己当了新王。兜题曾一度封闭了“丝绸之路”，东汉设立西域都护之后，

一代名将班超带了几十名勇士，出其不意地攻入王宫，活捉了兜题，逼迫他重新开放了“丝绸之路”。于是班超以王宫为大本营，经营西域，稳定了汉朝的西部边疆。今天的班超城是根据文献记载复原的。

莫尔寺遗址

莫尔寺遗址位于新疆喀什地区，始建于公元 3 世纪，后来被废弃，是规模较大的佛教遗址之一。遗址内有位于中国最西边的、保存最好的泥土建筑佛塔，说明这里曾经流行过佛教。

喀什市是古丝绸之路上一颗璀璨的明珠，拥有深厚的历史文化底蕴、优美的自然风光、丰富的物产和浓郁而淳朴的民俗。

原典精选

老将行（节选）

【唐】王维

誓令疏勒出飞泉❶，不似颍川空使酒❷。

贺兰山❸下阵如云，羽檄❹交驰日夕闻。

节使三河❺募年少，诏书五道出将军。

试拂铁衣❻如雪色，聊持宝剑动星文❼。

咬文嚼字

❶“誓令”句：东汉大将耿恭与匈奴作战时，占据了疏勒城，匈奴断其水源，耿恭在城中穿井，得到了水。❷“不似”句：汉景帝时将军灌夫为颍川人，失势后借酒发牢骚，得罪了权臣田蚡（fén），被田蚡找借口杀害。使酒，恃酒逞意气。❸贺兰山：又名阿拉善山，在今宁夏西北部。❹羽檄（xí）：紧急军书。古人将鸟羽插在军书上，作为急件的标志。❺三河：指河南、河内、河东三郡。❻铁衣：盔甲。❼星文：宝剑上的七星纹饰。

古文今译

立誓学耿恭让疏勒城中涌出泉水，不像颍川的灌夫只会借酒使气。贺兰山下战士们列阵如云，告急的军书日夜不停地传送。持着符节的使臣在三河招募兵马，皇帝下了诏书令大将军分五路出兵。老将军揩拭铁甲光洁如雪，手持宝剑闪动着七星纹。

知识面面观

十二木卡姆

十二木卡姆是维吾尔族的一种大型传统古典音乐，集歌、诗、乐、舞、唱、奏于一体，是“歌舞之乡”喀什的一张含金量最高的文化名片。“木卡姆”为阿拉伯语，意为大型套曲。十二木卡姆包括拉克、且比亚特、木夏乌热克、恰尔尕（gǎ）、潘吉尕、乌扎勒、艾介姆、奥夏克、巴雅特、纳瓦、西尕、依拉克十二套。其中每一套又包括穹乃额曼（意为“大曲”，系列叙咏歌、器乐曲、歌舞曲）、达斯坦（系列叙事歌、器乐曲）和麦西热甫（系列歌舞曲）三大部分。十二套共有300余首乐曲。在维吾尔民众的各种公众聚会、家庭聚会中，十二木卡姆都广受欢迎。

凶险的帕米尔高原

疏勒人的热情招待并没有阻挡住张骞等人前进的脚步，他们毅然爬上了凶险万分的帕米尔高原。

帕米尔高原在当时被称为葱岭。这里危岩耸立、寒风劲烈、人烟稀少，是“丝绸之路”上最神秘、最艰险的一段路。

充满传奇色彩

传说中帕米尔高原也叫不周山，是撑天的柱子。水神共工与颛（zhuān）顼（xū）争夺天子之位失败后，怒撞不周山，使得天往西北倾斜，大地向东南塌陷，江河纷纷向东流。

此外，帕米尔高原还流传着很多“雪人”的传说。有很多人见过“雪人”的脚印，甚至有人还看到过“雪人”的身影。至于“雪人”到底是什么，至今众说纷纭。

白沙湖

帕米尔高原上的白沙湖就像镶嵌在高原上的一颗纯净的珍珠，海拔 3350 米，面积约为 44 平方公里，是一个高原平湖。北岸是绵延的沙山，南岸是雪山和草甸。湖水清澈见底，在光线的折射下，会随着天气的变化，呈现不同的颜色。周围高大茂密的混生林带与湖水相映成趣，美不胜收，被称为“塞北小江南”。

高原上的民族

帕米尔高原虽然号称“生命禁区”，但是仍有顽强的民族一直生活在这里，如我国的柯尔克孜族、塔吉克族，他们世代居住在高原上，主要从事农牧业。帕米尔高原上的著名景点石头城，就是他们的祖先修筑的。石头城遗迹由雪山、草滩和河流环绕，具有粗犷豪放的美感。

此外，帕米尔高原还有卡拉库里湖、慕士塔格峰等景点，如今很多人为了探求帕米尔高原的自然之美、攀登高峰和了解其独特文化特点而前来参观。

原典精选

葱岭者，据赡部洲❶中。南接大雪山，北至热海❷、千泉❸，西至活国❹，东至乌铩国❺。东西南北各数千里，崖岭数百重，幽谷险峻，恒积冰雪，寒风劲烈，多出葱，故谓葱岭。又以山崖葱翠，遂以名焉。

选自《大唐西域记》

作者：［唐］玄奘口述，辩机编

咬文嚼字

❶ 赡（shàn）部洲：佛教经典中所说的四大部洲中的南部洲名，又称南赡部洲，因赡部树（海南蒲桃）得名。❷ 热海：古湖名，即今哈萨克斯坦境内的伊塞克湖。❸ 千泉：古代地名，在今吉尔吉斯山脉北麓，以泉水众多著称。❹ 活国：古国名，在今阿富汗东北部。❺ 乌铩（shā）国：古国名，在今新疆英吉沙县。

古文今译

葱岭，位于南赡部洲中部。南与大雪山相接，向北到达热海、千泉，向西到达活国，向东到达乌铩国。葱岭东西南北各有几千里，崇山峻岭有几百层，有幽深的山谷和险峻的山峰，常年积着冰雪，寒风强劲凛冽。因其出产很多野葱，故称葱岭。又因为山崖上林木葱翠，所以以葱岭为名。

知识面面观

特提斯海

数亿年前，帕米尔高原并不存在，那里是一片汪洋大海，被称为特提斯海。当时地球上的陆地刚开始走向分裂，特提斯海处于北方的劳亚古陆和南方的冈瓦纳古陆之间。随着大陆的进一步分裂，剧烈的地壳构造运动也开始了，大量高峻的山系从海中升起，将特提斯海分割了，今天的地中海就是特提斯海的残留海域。

盘古大陆

西部“神山”昆仑山

张骞一行人克服重重困难到达了大月氏，待他们说明来意后，大月氏女王却谢绝了。大月氏人很喜欢现在安逸富足的生活，不想再与强大的匈奴为敌。因此，张骞只能回国。

回国途中，为了避免被匈奴人发现，他们改道走昆仑山北麓。这座美丽、壮观、神秘的山脉，从此受到重视。其实，昆仑山的得名与张骞有着直接关系。

得名由来

在《山海经》中，昆仑山既是天帝在人间的都城，也是百神居住的地方，一般人根本无法登上此山。昆仑山上除了神仙、神兽、神鸟和神果，还有非常多的玉石。

这座只存在于神话传说中的山，令古人无限憧憬。特别是想要学习神仙方术、长生不老的汉武帝，更是渴望找到昆仑山，得到“神药”。当时不少人去寻找过昆仑山，但都无功而返。张骞从西域归来后，汉武帝重燃希望，派出很多使者前往西域，除沟通各国外，还要寻找黄河的源头及昆仑山所在。

后来，奉命寻找黄河源头的使者回到长安，汇报黄河的源头是于阗的一座盛产玉石的山，汉武帝觉得那就是昆仑山。皇帝金口一开，这座西部大山的名字就这样被定了下来。

西部大山

今天，昆仑山的神秘面纱已经完全被揭去，它是横贯中国西部的高大山脉，山势宏伟峻拔，峰顶终年积雪，山间悬挂着一条条银光闪闪的冰川。昆仑山的最高峰是海拔7649 米的公格尔山，昆仑山脉的东延部分，即巴颜喀拉山北麓，就是黄河的源头。昆仑山动植物资源较少，矿产资

源丰富，但由于交通不便利，很难运出山。

壮观的景象

昆仑山上有众多壮观的自然景观，也有一些人造景观。其中，昆仑泉是昆仑山中最大的不冻泉，当地人称它为“神泉”；野牛沟千层崖层理清晰、规模宏大，显示出大自然的鬼斧神工；野牛沟岩画是3000多年前先人们对自己狩猎、舞蹈、畜牧等场景的刻画，艺术价值和史学价值都很高。

今天的昆仑山，继续以其雄伟壮丽的自然风光吸引着众多游客。

原典精选

海内昆仑之虚，在西北，帝之下都。昆仑之虚，方八百里，高万仞[1]。上有木禾，长五寻[2]，大五围。面有九井，以玉为槛[3]。面有九门，门有开明兽守之，百[4]神之所在。在八隅（yú）之岩，赤水之际，非仁羿[5]莫能上冈之岩。

选自《山海经·海内西经》

作者：佚名

咬文嚼字

❶ 仞：古代以七尺或八尺为一仞。❷ 寻：古代以八尺为一寻。❸ 槛：窗户下或长廊旁的栏杆，这里指井栏。❹ 百：并非实数，而是言其多。❺ 仁羿：即后羿，神话传说中的英雄人物，善于射箭，曾经射掉九个太阳，射死毒蛇猛兽，为民除害。他曾登上昆仑山，向西王母求得不死药。

古文今译

海内的昆仑山在西北方，是天帝在下界的都城。昆仑山方圆八百里，高万仞。山顶上长着一株像大树的大稻子，这株大稻子高达五寻，有五人合围那么粗。昆仑山的每一面都有九眼井，井周围有用玉石制成的围栏。昆仑山的每一面还有九扇门，门前有叫作开明兽的神兽，把守着天神们聚集的地方。天神们聚集的地方在八方山岩之间，旁边有条河叫赤水河。如果不是后羿那样的人，是攀不上去这些山岗上的岩石的。

知识面面观

可可西里

在昆仑山之南，有一片神秘的无人区，那就是可可西里国家级自然保护区。这是一个禁止一切单位和个人随意进入或非法穿越的区域。主要原因是这里平均海拔在5000米以上，人们在这里将面临严重的高原反应和极端的高温（或低温）。此外，这里交通不便，基础设施缺乏，通信网络和供电设备不完善，清洁水和食物稀缺，食肉动物众多……稍有不慎，可能让人付出生命的代价。

可可西里的藏羚羊

神秘的罗布泊

为了避开匈奴人，张骞等人沿着塔里木盆地南缘，来到了罗布泊边的楼兰国（今新疆若羌）。

罗布泊以前是西北的大湖，盛产鱼虾，后来因气候变化和人类活动的影响，渐渐干涸了。这里有很多传说和未解之谜，比如楼兰古国、罗布泊地质等，吸引着人们去探索。

楼兰古国

楼兰古国位于罗布泊西部，是西域的交通枢纽，在古代“丝绸之路”上占有重要地位。这里商业特别发达，还能铸铁造兵器。但是，它在公元4世纪时消失得无影无踪，至今依然是一个谜。近些年，考古学家们在楼兰遗址发掘出了大量文物，其中，楼兰美女（干尸）的出土更是震惊了世界。

荒凉的盐滩

罗布泊曾是我国第二大咸水湖（仅次于青海湖）。由于天气变化和人类活动的影响，20世纪70年代末，罗布泊成了一个广阔的沙漠。现在我们连罗布泊的具体位置都无法完全确定了。

彭加木失踪之谜

1980 年，我国著名的生物化学家彭加木率考察队深入罗布泊，第一次穿越了罗布泊的核心地带，揭开了罗布泊的神秘面纱。由于考察队的汽油和水所剩无几，彭加木便孤身一人外出找水，不幸失踪。国家出动了军队、飞机、汽车、警犬等一系列人力、物力资源，进行反复寻找，仍旧一无所获。彭加木为何会失踪，他究竟去了哪里？至今都是一个不解之谜。

总的来说，罗布泊是一个气候条件恶劣、地理环境复杂和生存资源匮乏的地方，有很多谜团等待人们去破解。

原典精选

于阗在南山❶下，其河❷北流，与葱岭河❸合，东注蒲昌海❹。蒲昌海，一名盐泽者也，去玉门、阳关三百余里，广袤三四百里。其水亭居❺，冬夏不增减，皆以为潜行地下，南出于积石❻，为中国河云。

……

于阗之西，水皆西流，注西海；其东，水东流，注盐泽，河原出焉。多玉石。

选自《汉书·西域传》

作者：［东汉］班固

咬文嚼字

❶ 南山：指乌鲁木齐以南的天山。❷ 河：今和田河。❸ 葱岭河：今叶尔羌河。❹ 蒲昌海：指罗布泊。❺ 亭居：水面平静。❻ 积石：山名，即阿尼玛卿山，在今甘肃、青海一带。

古文今译

于阗在天山脚下，和田河向北流，与叶尔羌河汇合后向东注入蒲昌海。蒲昌海又叫盐泽，离玉门关、阳关三百多里，方圆达三四百里。湖水十分平静，无论冬夏水位都不增减，人们都认为湖水会潜流到地下，向南从积石山流出，成为中原的河流。

……

于阗的西边，水都向西流，注入青海湖；于阗的东边，水都向东流，注入罗布泊，黄河从这一带发源。多出产玉石。

知识面面观

楼兰古国消失之谜

楼兰古国的消失是一个不解之谜，吸引着很多研究者的目光。他们给出的假设主要有以下三个：

1.“丝绸之路”变迁所致。这是最盛行的说法。有人认为“丝绸之路”改道后，楼兰地区的驻兵和屯田都向北迁移了，楼兰就慢慢废弃了。

2. 战争摧毁。楼兰位于兵家必争之地，可能是在被占领之后遭到了摧毁，楼兰人被屠杀或迁走了。

3. 气候变化。有人认为干旱导致楼兰缺水严重，居民只得弃城逃走，因此楼兰成为死城。

楼兰遗址

“塞外江南”伊犁河谷

张骞几经波折，终于在离开十三年后回到了长安。公元前 119 年，张骞再次出使西域，来到伊犁河谷和乌孙人进行交流。

新疆伊犁河谷是亚欧大陆干旱地带的一块“湿岛”。这个河谷土壤肥沃，草原辽阔，物产丰富，享有“塞外江南”“中亚绿洲”“中亚湿岛”之美誉。

水草丰美

伊犁河谷曾经生活过很多民族，如汉朝时的大月氏人，但他们后来被乌孙人赶走了，乌孙人便在这里建立了乌孙国。今天的伊犁河谷风光秀丽、瓜果飘香，是世界著名的薰衣草种植基地。6月中旬薰衣草盛开，美丽的蓝色花海显得梦幻迷人，让人仿佛置身于唯美的画卷之中。

那拉提草原

那拉提草原地处天山腹地，伊犁河谷的东边。历史上，那拉提草原被叫作“鹿苑”。如今，草原上有很多狍鹿及猞猁、狐狸、雪豹、金雕、雪鸡等珍稀动物。这里有很多值得观看的景点，如乌孙古迹、天界台、卧牛岗等。

琼库什台村

琼库什台村村内居民以哈萨克族为主。该村几乎所有的民房都是木建筑，是用榫、拱等各种工艺搭建起来的，形成了独具特色的村落。这里是国内著名的徒步路线——乌孙古道的北入口，也是中国历史文化名村，发生过汉武帝和乌孙结盟、唐朝攻突厥等著名的历史事件。

伊犁河谷气候湿润、物产丰饶，自古就是多民族栖息地，今天则是开展生态旅游的理想场所。

原典精选

悲愁歌

【汉】刘细君

吾家❶嫁我兮天一方，远托异国兮乌孙王❷。

穹庐❸为室兮旃❹为墙，以肉为食兮酪❺为浆。

居常❻土思❼兮心内伤，愿为黄鹄❽兮归故乡。

咬文嚼字

❶ 吾家：刘细君是江都王刘建之女，刘建则是汉武帝刘彻的侄子。刘建荒淫残暴，在谋反失败后自杀，他的妻子儿女也一同被杀。刘细君因年龄小幸免于难，流落民间，后被找回。她是宗室之女，按辈分是汉武帝的侄孙女，故称皇室为“吾家”。❷ 乌孙王：即猎骄靡，乌孙国昆弥（国王），向西汉求婚，汉武帝让罪臣之女刘细君嫁给他。❸ 穹（qióng）庐：古代游牧民族居住的毡帐。❹ 旃（zhān）：旌旗。❺ 酪：用动物的乳汁做成的半凝固食品，也指动物乳汁。❻ 居常：平时，经常。❼ 土思：怀念故乡。❽ 黄鹄（hú）：传说中的大鸟。

古文今译

我家将我嫁到遥远的地方，来到异国他乡托身于乌孙国王。住在毡帐之内，旌旗就是围墙，以肉为食、以乳汁为饮料。平日里我常常想念故土，多想化作黄鹄回到故乡。

知识面面观

“中亚湿岛”成因

伊犁河谷虽位于以干燥著称的中亚地区，却气候湿润，有着充沛的降雨、肥沃的土地，因此得名“中亚湿岛”。出现这一现象的原因是，伊犁河谷三面环山，塔克拉玛干沙漠的热浪、西伯利亚的寒流都被隔断了，印度吹来的暖湿气流则被聚集在V形的天山山脉夹角里，这才形成了伊犁河谷得天独厚的气候。

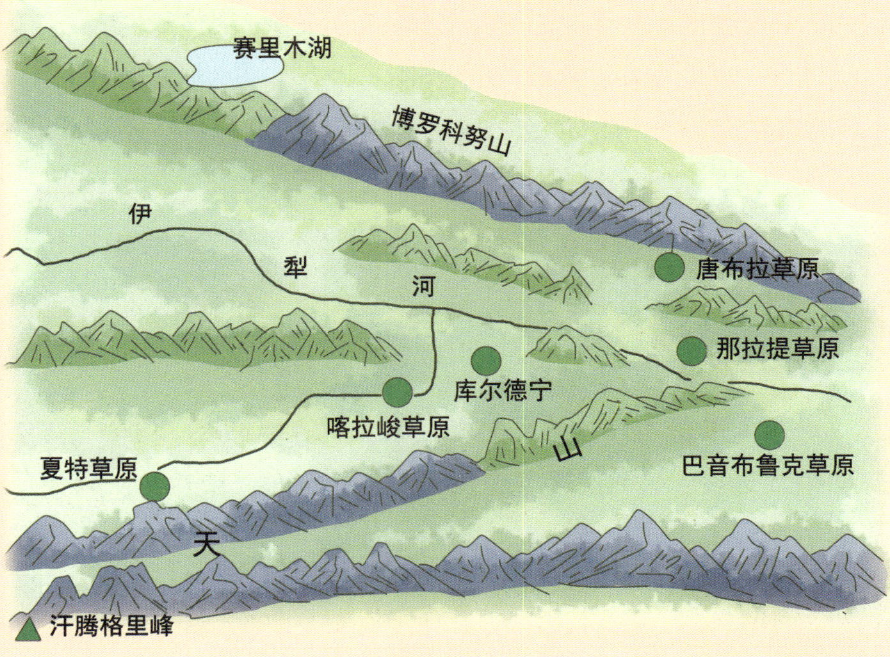

伊犁河谷示意图

新疆游玩要点

景点

- **克孜尔千佛洞：** 位于拜城县克孜尔乡，是有龟兹风格的佛教艺术宝库。
- **喀什老城：** 传统民居林立，是观察维吾尔族民俗风情的窗口。
- **喀纳斯湖：** 坐落在阿尔泰山脉西段的深山密林中，湖水绿如翡翠，山上树木葱茏，一切如童话仙境般美好。
- **天山天池：** 湖水晶莹如玉，湖边绿草如茵，湖景与高山、雪峰、森林、戈壁融为一体。
- **可可托海：** 位于富蕴县，有优美的峡谷河流、山石林地、寒极湖泊和奇特的地形。
- **赛里木湖：** 位于伊犁盆地内，湖水湛蓝，与草原、雪山交相辉映。

美食

新疆的美食有烤羊肉串、新疆大盘鸡、椒麻鸡、烤馕、烤包子、烤全羊、奶茶、酸奶、炒米粉、拌面、拉条子、馕坑肉、胡辣羊蹄、油塔子等。

小贴士

1 在沙漠景区游玩，要注意防沙、防尘、防晒，保护好眼睛和呼吸道。

2 去新疆游玩前，要事先了解当地的风俗习惯，尊重当地人的宗教信仰。

3 不要随意进入未开放区域，不要盲目去无人区探索。

跟着古人游中国

跟着郑和观赏沿海胜景

瑾 言◎主编

应急管理出版社
·北京·

图书在版编目（CIP）数据

跟着郑和观赏沿海胜景 / 瑾言主编. -- 北京：应急管理出版社，2025. --（跟着古人游中国）. -- ISBN 978-7-5237-0892-7

Ⅰ. K928.9-49

中国国家版本馆 CIP 数据核字第 2024HA8431 号

跟着郑和观赏沿海胜景

主　　编　瑾　言
责任编辑　郭浩亮
封面设计　彭明军

出版发行　应急管理出版社（北京市朝阳区芍药居 35 号　100029）
电　　话　010-84657898（总编室）　010-84657880（读者服务部）
网　　址　www.cciph.com.cn
印　　刷　天津泰宇印务有限公司
经　　销　全国新华书店

开　　本　710mm × 1000mm $^{1}/_{16}$　**印张**　24　**字数**　240 千字
版　　次　2025 年 2 月第 1 版　2025 年 2 月第 1 次印刷
社内编号　20230578　**定价**　128.00 元（共六册）

前言

中国这片辽阔的大地上，拥有无数的自然景观与人文景观，从连绵起伏的山脉到蜿蜒曲折的河流，从一碧万顷的湖泊到古色古香的亭台楼阁……每一处景观都向我们展示着中华大地深厚的文化底蕴。

古时，文人墨客也会慕名游览名胜景观，并写下一篇篇佳作。那么，在他们的笔下这些景观又呈现出怎样的风貌呢？在我们编写的这套《跟着古人游中国》里，你会得到一些答案。

你可以跟着大旅行家徐霞客漫游华夏大地，欣赏鬼斧神工的“象鼻山”奇景，远眺银装素裹的玉龙雪山；跟随张骞的足迹，在河西走廊欣赏七彩的丹霞地貌，在帕米尔高原对抗凛冽的寒风；也可以一边吟诵谢灵运的优美词句，一边饱览我国的秀丽山水……

除了徐霞客、张骞、谢灵运，我们还请了郑和、沈括和郦道元当“导游”，并通过对他们足迹的记述，将祖国壮美的河山浓缩在笔端，展开一幅幅生动的历史画卷。这套书不仅是一部旅行指南，更是一部文化百科全书。无论你喜欢自然风光，还是对历史文化感兴趣，都能在这套书中找到乐趣。不仅如此，书中的旅游攻略板块还介绍了当地的美景、美食，并附有出行小贴士，为你日后的旅行做准备。

现在，让我们翻开这套《跟着古人游中国》，跟随先贤的脚步来一次跨越时空的旅行吧。

目录

跟着郑和游东海

跟着郑和游南海

跟着郑和游东海

郑和（1371 或 1375—1433 或 1435），明代航海家。明初入宫做宦官，从燕王起兵，赐姓郑，任内官监太监。率舰队通使西洋，遍访三十多个国家和地区，促进了中国和亚非各国的经济、文化交流。

烟波浩渺的东海

东海是我国四大边缘海之一，自然海域面积约77万平方千米。沿海省份和地区由北至南包括江苏省、上海市、浙江省、福建省和台湾省。

东海面向太平洋，沿岸港湾众多，岛屿星罗棋布，湿地资源丰富，生态系统多样性显著。这里不仅有诸多神奇、美丽的自然景观，还具有浓厚的历史文化底蕴。

海上资源宝库

东海拥有丰富的渔业资源，是我国的主要渔场之一，海产丰富，主要品种有大黄鱼、鲳鱼、带鱼、对虾、皮皮虾、梭子蟹、牡蛎等。东海还是我国重要的能源资源宝库，也是重要的海洋经济开发区，沿海地区富藏石油、天然气、盐矿等自然资源。东海还有丰富的生物资源，包括鱼类、贝类、海洋植物等。

海上交通要道

东海沿岸不仅坐落着中国多个重要城市和港口，如宁波、温州、福州和上海，也是连接中国与周边地区以及其他国家的重要桥梁。我国明代伟大的航海家郑和曾七次从东海出发，前往西洋。他从江苏太仓刘家港扬帆，又曾在浙江宁波、温州等地驻泊。这些地方都留下了他的航海足迹，也成了海上丝绸之路上的重要驿站。

郑和留下的宝贵遗产

郑和下西洋的航行对东海沿岸地区产生了巨大影响。比如，郑和从南京带上了丝绸，从江西带上了陶瓷，从福建带上了茶叶……他还将来自各地的珠宝、金银器和玉器

作为外交礼物和贸易商品，使明朝的手工业水平和经济水平得到提高。

不仅如此，这些沿海省份还参与到郑和宝船的建造工作中，出现了大批优秀的船工和水手，使得先进的造船和航海知识在东海沿岸地区得到推广和传承，为后世的海上活动奠定了基础。

总之，东海不仅是我国重要的海上交通要道和经济区，还有着深厚的文化底蕴和大量宝贵的文化遗产，对于我国的经济发展和文化传承具有重要意义。

原典精选

乃命正使太监郑和、王景弘等兼督武臣，统率官兵数万，乘驾宝舟百艘，前往海外，开诏❶颁赏，遍谕❷诸番。时愚❸年甫❹出幼❺，备数部伍，拔擢❻从事于总制之幕。往还三年，经济大海，绵邈弥茫，水天连接。四望迥然❼，绝无纤翳❽之隐蔽。惟观日月升坠，以辨西东，星斗高低，度量远近。

选自《西洋番国志·自序》

作者：[明] 巩珍

咬文嚼字

❶ 诏（zhào）：皇帝发布的命令。❷ 谕：古时候，上对下的命令、指示，特指皇帝的诏令。❸ 愚：古人用于自称的谦辞。❹ 甫：副词，才、刚刚。❺ 出幼：即成年。明朝时，男子年满十六岁即为成年。❻ 拔擢（zhuó）：提拔。❼ 迥（jiǒng）然：形容差别很大。❽ 纤翳（yì）：微小的障蔽，多指浮云。

古文今译

（于是，明成祖朱棣）命令正使太监郑和、王景弘等人率领武将，统率几万名官兵，乘坐数百艘宝船前往海外，执行皇帝的诏令、颁发奖赏，通告各个番国。当时我才刚刚成年，在军队中充数，就被提拔在总制的幕下担任幕僚。往返历时三年，经历了辽阔无垠的海洋，水天相接，四面远眺，没有一处浮云。只能通过观察太阳和月亮的升起与降落来识别方向，通过观察星斗的高低来判断距离远近。

知识面面观

东海范围的历史演变

古代所称的东海，在不同时期有不同的含义。在先秦时期的古籍中，东海指的是如今的黄海。《礼记·王制》中提道："自东河至于东海。"这时的东海在徐州的范围内。战国时期，东海大多指如今的东海北部。秦汉以后，人们开始把如今的黄海和东海统称为东海。明代以后，北部称为黄海，南部仍称东海，东海的海域才与如今的东海相当。

郑和东海启航

古城南京烟云

南京在郑和的人生中举足轻重，虽非沿海城市，但在郑和下西洋中发挥着关键作用。它是郑和下西洋的决策地、造船地、物资供应中心、贸易枢纽与文化交流中心，亦是船队归宿地。600多年前，郑和在此筹划庞大的航海计划。他在担任南京守备时，还修建了诸多宫殿和寺庙，为这座历史名城增添了独特的魅力。

南京还有明成祖朱棣为了表彰郑和而赐建的天妃宫，以及专为郑和下西洋建造各类船只而修建的龙江宝船厂。后人还在郑和府邸的遗址上建起了郑和公园。人们穿梭于古城南京的大街小巷，不仅能感受到南京的文化魅力，也能感受到伟大航海家郑和留下的历史烟尘。

大报恩寺

大报恩寺位于南京市秦淮区中华门外，是郑和担任南京守备时营建的，完全按照皇宫的标准建造，为我国历史上规模最大、规格最高的寺院，被誉为“百寺之首”。

寺中建有一座九层五色琉璃塔，塔高近80米，是南京的地标性建筑。每层塔楼都装饰着五彩琉璃构件，塔中还有大量栩栩如生的佛像、流光溢彩的风铃和明亮如炬的长明灯。可惜，清朝时，琉璃塔毁于战乱。2012年，南京市政府重建琉璃塔，并修建了大报恩寺遗址公园。

静海寺

静海寺坐落于南京市鼓楼区仪凤门外，始建于明永乐年间，是明成祖朱棣为褒奖郑和航海的功德而修建的。

静海寺规模宏大，规格极高，寺中不仅供奉着郑和从海外带回的罗汉画像、玉器、古玩等，还种植着各类奇花异树。寺内矗立着一块“御制弘仁普济天妃宫之碑”，俗称“天妃宫碑”，是现存最大的郑和下西洋石刻，有着极高的历史和文化价值。

静海寺不仅是中国海上“丝绸之路”及郑和下西洋的重要历史遗存，也是中国第一个不平等条约《南京条约》的签署地，现已被列为中国爱国主义教育基地。

龙江宝船厂遗址

明朝时，南京不仅是全国的政治和文化中心，还是全国的经济和军事中心。不仅如此，南京也是全国的造船中心，其中规模最大的官办造船工场位于龙江关（今南京下关），名叫龙江船厂。

永乐年间，明成祖朱棣为了支持郑和出使西洋，从全国征调了大量人才与工匠来到龙江关，参与建造大型宝船的任务。龙江船厂不仅负责建造郑和下西洋所需的大型宝船，还用来收藏郑和船队带回的宝物。

如今，有关部门在龙江船厂的遗址上建起了龙江宝船厂遗址公园。园区将龙江船厂的各种机构进行了大规模还原，还展出了许多遗存的古船、造船工具、兵器等，为研究中国造船业和造船技术的发展提供了重要依据。

阅江楼

阅江楼位于南京城西北部的狮子山顶，始建于明洪武七年（1374年），与湖北武汉的黄鹤楼、湖南岳阳的岳阳楼、江西南昌的滕王阁并称中国江南四大名楼。

阅江楼取“阅江揽胜”之意，楼高52米，总建筑面积约5000平方米。阅江楼琉璃翠瓦，斗拱彩盈，具有鲜明的古典皇家特色。明太祖朱元璋曾在《阅江楼记》中写道：“碧瓦朱楹，檐牙摩空而入雾，朱帘风飞而霞卷，彤扉开而彩盈。”登上阅江楼，长江风光与南京街巷尽收眼底。夜幕降临后的阅江楼，流光溢彩，灿烂夺目，令人流连忘返。

如今，在南京市政府的保护和开发下，南京已成为闻名中外的旅游城市，不同朝代的文物古迹在这里焕发生机，吸引着来自世界各地的游人。

原典精选

十四年冬，满剌加、古里等十九国咸[1]遣使朝贡，辞还。复命和等偕往，赐其君长。十七年七月还。十九年春复往，明年八月还。二十二年正月，旧港[2]酋长施济孙请袭宣慰使职，和赍敕印往赐之。比还，而成祖已晏驾[3]。洪熙元年二月，仁宗命和以下番诸军守备南京。南京设守备[4]，自和始也。

选自《明史·卷三百四·列传第一百九十二》

作者：[清] 张廷玉等

咬文嚼字

❶ 咸：副词，全，都。❷ 旧港：即今巨港，印度尼西亚南苏门答腊省首府。❸ 晏驾：古时帝王死亡的讳称。❹ 守备：明清时期武职官员名。

古文今译

永乐十四年冬，满剌加、古里等十九国都派使者来南京朝贡，各国的使臣辞还后，成祖又命郑和等人随他们前往他们的番国，赏赐他们的君长。永乐十七年七月回国。永乐十九年春再次前往，第二年八月回国。永乐二十二年正月，旧港国的酋长施济孙奏请皇帝，希望承袭宣慰使的职位，郑和带上赐印前往赐封。等郑和回来时，成祖已逝世了。洪熙元年二月，仁宗命郑和带着他出使番国时的部队守备南京。在南京设立守备一职就是从郑和开始的。

知识面面观

古都南京的历史有多久？

南京作为中国四大古都之一和中华文明的重要发祥地之一，长期以来都是我国南方的政治、经济和文化中心。据考证，南京有着约50万年的人类活动史，近2500年的建城史，约450年的建都史，三国吴，东晋，南朝宋、齐、梁、陈，五代南唐，明等朝代都曾在此建都，因此南京有着“六朝古都”“十代都会”的美誉。

如今，南京城内仍有石头城、六朝都城、明城墙、明孝陵等遗址，它们仍静静诉说着这座古城的故事。

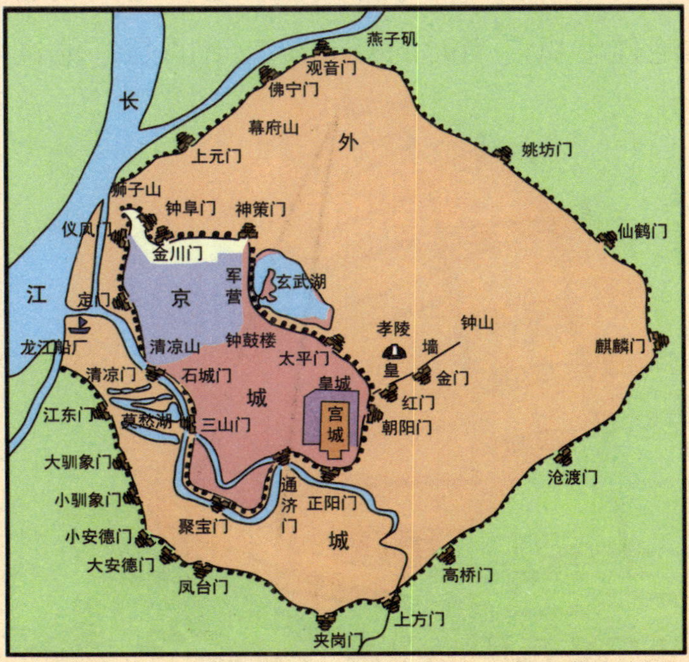

明朝南京城示意图

起锚之地——太仓

明永乐三年（1405年）六月十五日，正值壮年、意气风发的郑和奉明成祖朱棣之命，率领200多艘船只和近28000人的庞大队伍集结在江苏省太仓市浏河口的刘家港，准备出使西洋。

自古以来，刘家港不仅物资丰饶、人杰地灵，还是连接明都城南京及长江的水陆交通枢纽，是大型船队驻泊、出航的绝佳港口。当时的郑和不知道的是，他这次启程即

将创造一系列世界航海史上的伟大壮举。

太仓盛景

太仓刘家港位于长江入海口，直通大洋，因此，素有“海洋之襟喉，江湖之门户”之称。如今，太仓已经建立起规模宏大的港口经济开发区——太仓港，是我国沿海地区不可或缺的重要港口。太仓港吊塔林立、车水马龙、千帆竞发，有很多现代化的城市和设施；另外，太仓又有沙溪古镇、梅李古镇、湿地公园等自然与人文相谐的景观，目之所及，尽是美景。

沙溪古镇

沙溪古镇位于太仓市中部，是一座有着悠久历史的江南水乡古镇。

沙溪古镇是典型的带形水乡城镇，具有独特的江南风

情。古镇中保存着许多明清时期的建筑和街巷，走在其中仿佛穿越到数百年前，令人陶醉。

南园

南园位于江苏太仓，始建于明朝，清朝时又陆续扩建，经由众多工匠与画师之手，亭台楼阁、山石清泉、绿叶红花，相映成趣。

抗日战争期间，南园遭到严重破坏。从1998年开始，相关机构参考照片、图纸等对其进行恢复。今天，“门楼”“香涛阁”“绣雪堂”“鹤梅仙馆”“寒碧舫”“潭影轩”等景点已经恢复了昔日的面貌。

郑和公园

郑和公园位于太仓港口开发区，这里曾经是郑和下西洋的起锚之地。这座公园以还原郑和船队远洋的历史文化为主，目的是再现明初郑和船队七下西洋的壮举。

园内景观包括郑和铜像、郑和宝船、郑和纪念馆等，从不同视角展示着那幅宏伟的历史画卷，游客身处其中，仿佛回到了郑和的时代。

现如今，太仓市在飞速建设现代化城市的同时，也十分重视对传统文化、艺术及文物古迹的保护与发展，是现代活力与文化底蕴完美结合的城市典范。

原典精选

成祖疑惠帝[1]亡海外，欲踪迹之，且欲耀兵异域，示中国富强。永乐三年六月，命和及其侪王景弘等通使西洋。将[2]士卒二万七千八百余人，多赍[3]金币。造大舶，修四十四丈、广十八丈者六十二。自苏州刘家河泛海至福建，复自福建五虎门扬帆，首达占城[4]，以次遍历诸番国，宣天子诏，因给赐其君长，不服则以武慑之。

选自《明史·卷三百四·列传第一百九十二》

作者：[清] 张廷玉等

咬文嚼字

❶ 惠帝：明惠帝朱允炆，史称建文帝。洪武三十一年（1398 年）闰五月，朱允炆即位，改元建文。建文元年（1399 年），燕王朱棣起兵造反，史称“靖难之役”，后攻入南京，朱允炆不知所终。❷ 将（jiàng）：带领。❸ 赍（jī）：带着。❹ 占城：今越南。

古文今译

成祖怀疑惠帝流亡到了海外，想要寻找他的踪迹，并且想向海外的国家炫耀明朝的武力，展示中国的富有和强大。永乐三年六月，明成祖命令郑和与他的搭档王景弘等人出使西洋。郑和率领二万七千八百余名士卒，带着许多财物。还建造了许多大船，其中长四十四丈、宽十八丈的就有六十二艘。船队从苏州刘家河出发，沿海路到福建，又从福建五虎门扬帆启航，最先抵达的是占城，之后依次走遍诸多番国，向他们宣布天子的诏令，还向他们的君长赐赠礼物，如有不服的便用武力进行威慑。

知识面面观

为什么选刘家港作为启程港?

首先，刘家港位于长江三角洲的中心，靠近长江入海口，地势平坦，且入海处开阔，是难得的天然良港，非常适合规模巨大的船队停泊及出海。

其次，由于出使西洋需要携带大量的物资与给养，而太仓资源丰富、富甲一方，非常适宜船队筹备物资。

最后，这里靠近当时的京都——南京，便于郑和归航后快速入京复命。

"郑和航海图"太仓部分

海定波宁之州

宁波位于浙江省东北部，这里地形平坦，气候宜人，兼具江南水乡与海港城市的特点。唐朝时，宁波还叫“明州”；明朝时，明太祖朱元璋将其改名为宁波，寓意“海定则波宁”。

宁波与郑和也有着不解之缘。明永乐年间，宁波频受倭寇袭扰，明成祖朱棣委派郑和前往日本交涉，日本国王诚恳道歉，并保证今后不会再出现类似情况。郑和此次出使日本不仅维护了我国沿海地区的安定，也为后来他七下西洋积累了经验。

天一阁博物馆

天一阁位于浙江省宁波市海曙区，建于明嘉靖年间，是我国现存历史最悠久的藏书楼，也是世界上最古老的三个家族图书馆之一，素有“南国书城”的美誉。

天一阁的藏品尤以明代地方志和科举录最为珍贵。它不仅是国家重点文物保护单位，也是国家一级博物馆和著名的旅游景区。

宁海温泉

宁海温泉位于宁波市宁海县城西北，这里群峰环绕，峡谷幽长，树木繁茂，溪流众多，是一处天然大“氧吧”。宁海温泉富含多种对人体有益的矿物质和微量元素，有“华东第一森林温泉”的美誉。

东钱湖

东钱湖是位于宁波市东南部的一个天然淡水湖，拥有广阔的湖面和绵长的湖岸线。东钱湖由81座山岭环绕，又

有72条溪流注入。湖中有一条长堤将湖面一分为二，与杭州西湖格局相仿，有着“西子风韵、太湖气魄”的美誉。每年农历九月初十，这里还会举办东钱湖龙舟节，十分壮观。

总之，宁波历史悠久，文化底蕴深厚，既有大量文物古迹，又有秀丽的自然的风光，是一座充满活力与魅力的城市。

原典精选

文皇帝永乐二年[1]四月，夷[2]船一十一只，寇[3]穿山，百户马兴（与战）死亡。寻寇苏松[4]诸处。是年[5]，上命太监郑和统督楼船水军十万诏谕海外诸番[6]，日本首先纳款[7]，擒献犯边倭贼二十余人。

选自《天下郡国利病书》

作者：[明末清初] 顾炎武

咬文嚼字

❶ 永乐二年：即 1404 年。永乐，明朝第三任皇帝明成祖朱棣的年号。❷ 夷：古时泛指外国或外国人。❸ 寇：即倭寇，对明朝时侵扰中国沿海一带的日本海盗集团的统称。❹ 苏松：即苏州和松江。❺ 是年：这一年。此处表示与前文叙述的故事是同一年。❻ 诸番：即各个国家。番，指外国或外族。❼ 纳款：缴纳款项。

古文今译

明朝永乐二年四月，有十一只夷船侵扰我国边境，倭寇穿越山区，军官马兴与之交战，战死。为了追捕倭寇，搜查了苏州和松江等地。同一年，皇帝下令让太监郑和统领楼船水军十万，发出诏书通告海外各国，此中包括日本。日本最先缴纳款项，并捕获了二十多名倭寇献给明朝皇帝。

知识面面观

温泉是如何形成的?

温泉的形成方式主要有两种。一种是由于地壳内部的岩浆作用或伴随火山喷发形成。在火山活动过的死火山地形区，未冷却的岩浆会不断释放大量的热能，导致附近岩层中的水被加热。

另一种是依靠地表水渗透循环作用形成。雨水逐渐渗入地下的含水层时，被地壳深处的地热加热，转化成含有大量气体的热水。随着温度的不断升高，气体逐渐上升，当有岩层阻挡时，热水和气体会处于高压状态，一旦有裂缝存在，它们就会迅速涌出，形成温泉。

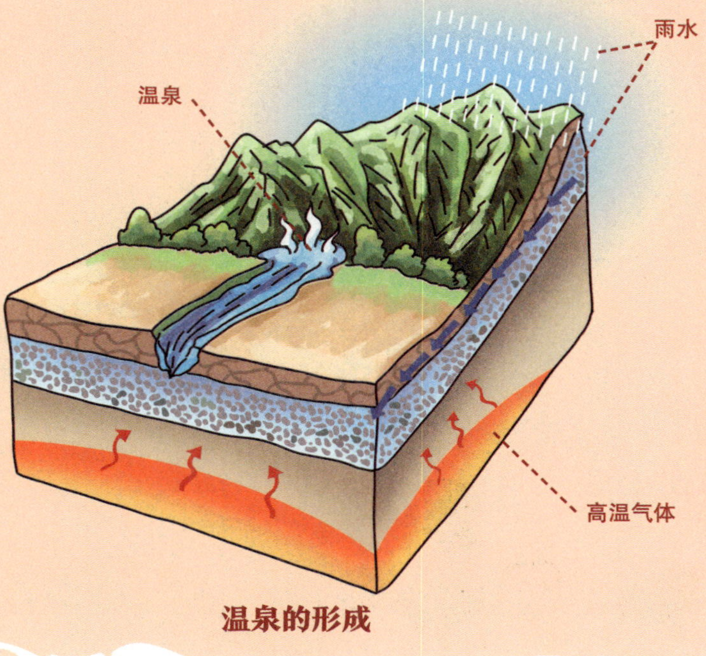

温泉的形成

“伺风开洋”之地——福州

福州有着天然的地理优势，水陆交通便利，各类物产丰富，并且有着悠久的造船和航海历史。

郑和在七次下西洋的航行中，他的船队每次都会在这里驻泊一段时间，目的是等待东北季风的到来，以便顺风出航，驶向大洋。同时他们也可以在这里进行正式出航前最后的准备工作。在七次驻泊经历中，郑和渐渐对这里产生了深厚的感情。

长乐太平港

太平港位于福建省福州市长乐区境内，这里依山靠海，早在明朝时就已经十分繁华。由于郑和每次在福州伺风时都会率舟师屯驻在长乐，因此，这里的造船、航海和商业等快速发展起来。长乐还因此成了当时闻名中外的“商业中心”。外国使团访问中国时大都会经过长乐，于是奇珍异兽也从这里被带到全国各地。

不仅如此，郑和舟师还在长乐南山修建了雄伟壮丽的天妃行宫，并且重修了三峰塔与三峰寺。郑和第七次出使西洋前，还刻了一块碑，将自己一生航行的经历写在了上

面，这就是位于长乐的《天妃灵应之记》碑，又称《天妃之神灵应记》碑，俗称“郑和碑”。

2002年，为了纪念郑和，当地政府在太平港旧址修建了郑和广场、郑和公园、郑和史迹陈列馆等纪念性建筑。

青云山

青云山即永泰青云山风景名胜区，位于福建省福州市永泰县，是一处集峡谷、森林、瀑布、火山、牧场和鸟类自然保护区为一体的生态旅游区。

青云山因山峰直插青云而得名，景区内海拔超过1000米的山峰有7座，山高谷深，怪石嶙峋。景区内主要旅游景点有九天瀑布、青龙瀑布、云天石廊、白马峡谷及中国云顶等。

鼓山

鼓山即鼓山风景名胜区，位于福建省福州市晋安区，靠近闽江北岸，是福州著名的风景区之一。传说，山中有许多巨石，每当风雨大作，巨石便发出阵阵鼓声，因此得名鼓山。

鼓山景区以古刹涌泉寺为中心，已有1000多年的历史。鼓山的主峰为屴（lì）崱（zè）峰，历史上许多名人都曾在此留下名篇佳句。此外，鼓山还有喝水岩、白云峰、白云洞、达摩洞等胜景。

于山

于山位于福州市鼓楼区中心，又称九日山，是福州三山之一。它有着丰富的历史文化内涵。

于山怪石嶙峋，林木参天，景色秀丽，有众多古迹，如报恩定光多宝塔（白塔）、补山精舍、戚公祠、摩崖题刻等。这些景点错落有致，自然景观与人文景观相得益彰。于山不仅是一个历史文化的重要载体，也是福州市民和游客喜爱的休闲游览胜地。

三坊七巷

三坊七巷位于福建省福州市中心，是南后街两旁从北到南依次排列的坊巷的总称。

早在晋朝时，三坊七巷就已发轫，明清时期发展到鼎盛阶段。现在，三坊七巷的大部分建筑保存完好，并被当地政府修复和保护，成为一处历史文化街区，有“中国明清建筑博物馆”的美称。

这里坊巷纵横，白墙青瓦，镂空的门窗，雕花的台阶、门框、栏杆等随处可见，游客行走其间，仍能感受到明清时期的历史气息和福州当地的建筑风貌。

福州是我国历史文化名城，市内有众多名山、名寺、名园和名居等，是一座结合了滨江滨海和山水园林风貌的城市。

原典精选

若长乐南山之行宫，余由舟师屡驻于斯，伺[1]风开洋。乃于永乐十年奏建，以为官军祈报之所，既严且整。右有南山塔寺，历岁久深，荒凉颓圮[2]，每就修葺，数载之间，殿堂禅室，弘胜旧规。今年春仍往诸番，蚁[3]舟兹港，复修佛宇神宫，益加华美。而又发心施财，鼎建三清宝殿一所于宫之左，雕妆圣像，粲[4]然一新，钟鼓供仪，靡不俱备。

选自《天妃之神灵应记》碑（位于今长乐南山寺）

作者：佚名

咬文嚼字

❶ 伺：等候，等待。❷ 圮（pǐ）：倒塌。❸ 蚁：应作“舣（yǐ）”，使船靠岸。❹ 粲（càn）：鲜明。

古文今译

如位于长乐南山的天妃行宫，我们随舟师曾屡次驻泊在这里，等待季风到达，借风开航。于是在永乐十年向皇帝奏请在这里修建宫殿，作为官员将士祈祷、答报神灵的处所，布局十分严整。官殿右边的南山三峰塔寺，由于岁月久远，已经荒凉倒塌。我们时常对它加以修葺。经过几年时间，这座寺庙的殿堂和禅室就已经超过曾经的规模。今年春天我们仍然要前往海外各国，大小船只聚在这里（太平港），我们又修葺了佛寺和天妃宫，让它们变得更加华美壮观。还发愿祈求上天施舍钱财，在天妃宫的左边新建一座三清宝殿，雕塑装点圣像，使它变得鲜明灿烂，钟、鼓和供奉的仪仗，没有不具备的。

知识面面观

长乐太平港有何优势呢?

太平港位于长乐西部，闽江下游，港口呈外窄内宽的葫芦状。这里江面宽阔，深不见底，非常适合大船停泊。太平港南北两侧有山脉做屏障，既可避风又可阻浪，因此是天然的避风良港。曾有诗云“无风万里磨平玉，有月千波漾碎金”。除此之外，长乐物资丰富，造船、修船技术先进，可以为船队提供各种补给和技术保障。船队停泊在这里，可以很好地为远航西洋做最后的准备工作。

太平港

东海游玩要点

景点

- **南京博物院**：位于南京市玄武区，为中国三大博物馆之一，包括历史馆、特展馆、数字馆、艺术馆、非遗馆、民国馆六馆，浓缩了数千年中华文明的发展历程。
- **明孝陵**：位于南京市玄武区，是明太祖朱元璋与马皇后的陵墓，代表了明初建筑和石刻艺术的最高成就，被誉为“明清皇家第一陵”。
- **南京夫子庙**：位于南京市秦淮区，为中国四大文庙之一，具有规模宏大的古建筑群和浓厚的历史文化气息，主要景点有大成殿、棂星门、尊经阁、崇圣祠、魁星阁等。
- **鸡鸣寺**：位于南京市玄武区，有1700多年的历史，被誉为“南朝第一寺”“南朝四百八十寺”之首，主要景点有大雄宝殿、观音楼、韦驮殿、景阳楼等。
- **沙溪古镇**：位于太仓市中部，是历史悠久的江南水乡古镇，中国历史文化名镇之一。镇内保存着明清临水建筑和漫长的古街，还有多处历史文化名人故居。
- **牛首山文化旅游区**：位于江苏省南京市江宁区，主要景点有佛顶塔、牛头禅文化园、佛顶宫、郑和文化园等。
- **天一阁博物馆**：位于浙江省宁波市海曙区，为世界上最古老的三个家族图书馆之一，既是国家一级博物馆，也是古老的江南园林。

福州平潭岛： 位于福州市平潭县境内，是中国第五大岛。景观丰富，气候宜人。有着独特的海蚀地貌和海滨沙滩，还有大量古人类遗址和古代寺庙，是滨海旅游度假胜地。

美食

南京的美食有鸭血粉丝汤、南京盐水鸭、桂花糖芋苗、牛肉锅贴儿、南京板鸭、蟹黄汤包等；太仓的美食有太仓肉松、双凤羊肉面、双凤爊鸡、大闸蟹、青团、江海河三鲜、太仓糟油、太仓白蒜、鲜肉月饼等；宁波的美食有宁波汤圆、雪菜大汤黄鱼、年糕、海鲜面、油赞子、溪口千层饼、红膏呛蟹、豆酥糖、龙凤金团、水晶油包等。福州的美食有福州鱼丸、福州肉燕、佛跳墙、荔枝肉、线面、春卷、马蹄糕等。

小贴士

1 东海沿岸地区旅游城市众多，设施齐备，酒店、民宿多样。旅游旺季时，酒店、民宿等往往供不应求，需要提前预订。

2 东海沿岸地区交通便利，游客可以选择自驾、公共交通等交通方式，也可以选择在当地租车或骑行。

3 沿海城市天气变化频繁，游客应随时关注天气变化，并携带雨具及换洗衣物。

4 在品尝地方特色小吃时要注意卫生；吃海鲜时要注意适量及禁忌搭配。

5 东海沿岸地区历史文化丰富，游客要尊重当地的风俗习惯，爱护文物古迹，不能乱涂乱画。

跟着郑和
游南海

波澜壮阔的南海

南海，是我国四大边缘海之一和近海中面积最大、最深的海区。它东与太平洋相连，西与印度洋相通，是一个东北—西南走向的半封闭海，总面积约350万平方千米。

南海有着绚丽多彩的海岛风光和独特壮美的海洋景观，著名的东沙、西沙、中沙及南沙群岛都坐落于此，是很多人向往的旅游胜地和探险目的地。

物产丰富的海域

南海自然环境优美，滨海、海岛周围环绕着珊瑚礁、红树林和海草床。一些岛礁地区、珊瑚礁、海底火山和海底地形还为南海增添了独特的风采和壮美的景观。

南海生态环境独特，吸引着众多海洋生物栖息，如海龟、海豚和多种热带鱼类等。

南海还是我国重要的经济鱼类的“养殖场”，盛产各种鱼、虾和名贵海鲜。

另外，南海还蕴藏着大量的石油和天然气等矿产资源，是名副其实的资源宝库。

远洋的必经之路

自古以来，南海就是我国进行航海活动和远洋贸易的必经之路。我国很早就通过南海与东南亚、西亚、非洲等地进行经济交流和文化交流，其中最著名的便是郑和下西洋。郑和进行了七次下西洋的航行，先后经过福建福州、长乐、泉州，广东广州和海南等地，将我国的商品、科技、文化等传播到许多国家。

可以说，南海不仅是我国历史上重要的交通路线，也是我国古代人民进行海洋活动的重要舞台之一。

郑和留下的足迹

郑和一直将福建长乐作为伺风开洋之地，极大地推动了当地的对外贸易和经济发展，使福建地区成为我国较早开展对外贸易的门户之一。他还多次停靠在海南，不仅给当地的经济发展提供了巨大的机遇，也促进了当地文化的交流。

总之，郑和的航海活动促进了南海沿岸地区经济、文化的发展，推动了南海沿岸地区与世界各国的交流。

原典精选

始则预行福建广浙，选取驾船民梢中有经惯下海者称为火长，用作船师。乃以针经❶图式❷付与领执，专一料理，事大责重，岂容怠忽。其所乘之宝舟❸，体势巍然，巨无与敌，蓬帆锚舵，非二三百人莫能举动。趋事人众，纷匝往来，岂暇停憩。

选自《西洋番国志·自序》
作者：[明] 巩珍

咬文嚼字

❶针经：航海指南。❷图式：航海图纸。❸宝舟：指郑和宝船。据《明史·郑和篇》记载，宝船“修四十四丈、广十八丈者六十二”。

古文今译

首先从福建、广东和浙江等地挑选那些已经习惯下海的被称为“火长”的船员，作为船师。然后将航海指南、航海图纸交给他们，由他们专门保管，并且负重大责任，不能有任何怠慢。这些船师驾驶的船只非常庞大，巍然壮观，船帆、船锚和船舵，没有两三百人根本无法抬起。因为船上的事务繁忙，人员来来往往，哪有空闲时间停下来休憩呢？

知识面面观

郑和船队在南海航行，为什么叫“下西洋”？

古时候，“西洋”的概念与现在有所不同，元代以来，南海以西的海域及沿海均称为“西洋”。

明朝时，东洋和西洋的划分以婆罗洲（今加里曼丹岛）和文莱（今文莱达鲁萨兰国）为界。界东为东洋，界西为西洋，现在的南海东部在当时应该算作东洋，而南海西部则属于西洋。因此，“下西洋”的说法在当时是正确的。

郑和下西洋

舟师泊泉州

明永乐十五年（1417年），郑和第五次下西洋航行过程中经过泉州，他来到灵山，在这里为接下来的航行烧香祈福。

泉州不仅资源丰富、航海人才众多，而且有着优良的港口条件，因此，郑和下西洋航程中曾多次驻泊在这里。

千年古寺开元寺

开元寺位于福建省泉州市，是福建省规模最大的佛教寺院，被列入了“世界文化遗产名录”。

开元寺规模宏大，建筑考究，宝殿、拜庭、石塔、戒坛应有尽有，主要建筑包括天王殿、藏经阁、大雄宝殿、甘露戒坛、东西二塔等。寺中还有大量栩栩如生的佛陀、金刚、乐伎等雕像，其雕刻技艺之高，世所罕见。

祈风圣地九日山

九日山位于福建省南安市，是我国古代著名的海外交通遗址，有着悠久的历史。山中不仅风景迷人，还有许多历代文人墨客留下的古迹。

古代航海出行需要凭借风力，泉州因地理位置特殊，便成了绝佳的起航之地，而九日山更是“遣舶祈风”的圣地。宋元时期，泉州府郡设立了市舶司，其职责之一便是为来往的船舶祈风。每年春夏与秋冬之交，中外舶船起航或归来时，都会在九日山举行盛大的祈风仪式，祈求航行顺利。如今，九日山上的祈风碑刻还是主要的景点。

海防遗迹崇武古城

崇武古城位于福建省泉州市惠安县海滨，始建于明洪武二十年（1387年），主要是为了防御倭寇的入侵。崇武古城是我国仅存的一座保存比较完好的明代石头城，也是我国海防史中为数不多的史迹之一。

泉州历史悠久，文化底蕴深厚，文化古迹众多。近年来，泉州市政府对市内的古迹进行保护与开发，使泉州成为名副其实的历史文化名城。

原典精选

钦差总兵太监郑和前往西洋忽鲁谟厮❶等国公干❷，永乐十五年五月十六日于此行香❸，望灵圣庇佑。镇抚❹蒲和日记立。

选自《永乐十五年郑和于泉州回教先贤冢行香石刻》

作者：佚名

咬文嚼字

❶忽鲁谟厮：即霍尔木兹，也作和尔木斯，属于伊朗，位于波斯湾霍尔木兹海峡附近。❷公干：办理公事。❸行香：明清时期，官吏每到朔日和望日（农历每月的初一和十五），都会入庙焚香叩拜；新官赴任后也会举行入庙焚香仪式。两者都称作行香。❹镇抚：古代官职名。

古文今译

钦差总兵太监郑和前往西洋忽鲁谟厮等国办理公事，永乐十五年五月十六日在这里行香，希望灵圣能够保佑航行顺利。泉州镇抚蒲和日记录并立下此碑。

知识面面观

为什么九日山是祈风圣地？

祈风，其实就是向海神祈祷，祈求航行平安。九日山靠近晋江，而晋江入海处河宽底深，不论是海上船只进港，还是内陆船只出航，都十分便利；泉州还是当时闽南的政治、经济和文化中心，往来商船极多；另外，九日山上的昭惠庙中供奉着通远王（海神），由于当时的人们认识有限，认为向海神祈祷就可以保佑自己平安航行，因此，九日山成了祈风圣地。

九日山

千年商都——广州

广州作为中国古代“海上丝绸之路”的起点之一，在郑和下西洋的历史中扮演了举足轻重的角色。郑和船队远航，曾多次经过这个港口城市。这里是船队补给和贸易的重要节点，因其丰富的物产和文化魅力而成为对外展示中国的窗口。

陈家祠堂

陈家祠堂，原称陈氏书院，位于广东省广州市区中山七路，是岭南地区规模最大的祠堂建筑群之一，凭借“三雕、二塑、一铸、一画”的建筑装饰特色，被誉为“岭南建筑艺术的明珠”。这些装饰工艺精湛，题材广泛，寓意深远，充分展现了岭南人民的智慧和审美情趣。祠堂中上千幅彩绘均不相同，体现了作者丰富的想象力和创造力。

越秀山

越秀山位于广州市越秀区，是白云山的余脉。早在秦汉时期，越秀山就是广州的风景名胜地。到了宋、元、

明时期，越秀山已经成为广州的一个较为著名的景区。现在的越秀山为越秀公园。越秀山在元代为粤台秋月，明代为粤秀松涛，清代为粤秀连峰、镇海楼等，历代“羊城八景”无一例外地把越秀山作为重要的景区列入。

白云山

白云山有“羊城第一秀”之称。这里山峦起伏，绿树常青，空气清新，是市民休闲健身的好去处。山上有多处古迹和景点，如能仁寺、天南第一峰、云岩、鸣春谷等。站在山顶，可俯瞰广州城景，感受城市的繁华与自然的宁静。

黄埔古港

黄埔古港有着丰富的历史文化遗迹。这里曾是南宋时

期“海舶所集之地”，明清后发展成为广州对外贸易的重要外港。古港村中的民居保持着明清时代的格局，村中大小巷道相互连通，祠堂众多，如胡氏宗祠等，体现了岭南古村落的特色。黄埔古港既是历史的见证，又是现代城市中的一片宁静之地，适合慢慢品味和探索。

南越王墓

南越王墓是广州著名的考古遗址，坐北朝南，凿山而建，是岭南地区规模最大、保存最完好、随葬器物最丰富的大型彩绘石室墓。墓中出土了1000多件（套）珍贵文物，包括金银器、青铜器、铁器等，这些文物集中反映了2000多年前南越国的政治、经济和文化发展状况。

原典精选

内臣[1]赍[2]金币劳赐[3]海外诸蕃国[4]，护行军官颇横[5]，径捕[6]韶民[7]三人偕之往，家人号呼，以金赎之，不许。询至其舟中，夺之以归。

选自《西洋番国志·自序》
作者：[明] 巩珍

咬文嚼字

❶ 内臣：指宫廷内的官员，通常是指宦官，即太监。❷ 赍（jī）：携带，带着。❸ 劳赐：赏赐，给予恩惠。❹ 蕃国：指中国以外的各国，这里特指海外的国家。❺ 颇横：非常蛮横，行为粗暴。❻ 径捕：直接抓捕。❼ 韶民：指韶州（今广东韶关）的百姓。

古文今译

宫中的官员携带着金钱和礼物，把它们赏赐给海外的各个藩国。护送的军官非常蛮横，直接抓捕了韶州的三个百姓，和他们一起前往。他们的家人哭泣呼喊，想要用金钱赎回他们，但是被拒绝了。王询（韶州推官）亲自来到他们的船上，强行将这三个百姓夺回并带他们回家。

知识面面观

为什么广州被称为“千年商都”？

广州是中国唯一一个2000多年来始终保持对外贸易的商业城市。从古代的“海上丝绸之路”到现代的改革开放，广州因商业而繁荣，城市得以不断扩展。如今，广州港是全球最繁忙的港口之一，拥有150多条外贸航线，连接全球100多个国家和地区。丰富多元的商业文化和悠久的商贸历史，让广州人在经营理念和商业思维上不断创新。随着国际贸易的日益频繁，广州已成为中国南部乃至全球重要的商贸中心。

古代广州港

千帆往来的海南

海南省，古称琼州，在中国最南端，濒临南海。包括海南岛和西沙群岛、中沙群岛、南沙群岛的岛礁及其海域。海南岛的海岸线绵延千里，银沙碧海，一望无际。岛屿附近“千里长沙、万里石塘”，无数岛礁星罗棋布。人们来到这里，仿佛置身于蓬莱仙境。

海南岛与多个国家或地区互为彼岸，地理位置十分特殊，历史上一直是海上贸易的必经之地和重要的物资中转站。据考证，郑和下西洋时曾多次经过海南，对海南的经济及造船业的发展起到了巨大的推进作用。

南山文化旅游区

南山位于海南省三亚市，是中国最南端的山，历来被称为吉祥福泽之地。南山文化旅游区背南山临南海，空气质量和海水质量优越，森林覆盖率高，海洋生态系统多样。

南山文化旅游区还是一个中国佛教文化的大型展示园区，主要景点有南山寺、海上观音、不二法门、观音文化苑、天竺圣迹等。其中，高达108米的海上观音是世界上最高的观音塑像，也是海南省的镇岛之宝。

亚龙湾

亚龙湾位于海南省三亚市，是一处旅游胜地，有着“东方夏威夷”的美誉。这里的海滩一望无际，平缓开阔，沙质细腻。亚龙湾海水澄澈，海底资源丰富，水下珊瑚种类丰富。亚龙湾气候温暖，即使在冬季也令人感到十分舒适，非常适合想要避寒以及休闲度假的人群。

七洲列岛

七洲列岛位于海南文昌市东部海域，由南峙、双帆、赤峙、狗卵脬、灯峙、北峙、平峙七座岛屿组成。七洲列岛远离大陆，人迹罕至，岛上鸥鸟成群，鸟蛋遍布，是海鸟的天堂。岛上有一种罕见的地质奇观——海蚀隧道。这里几乎每一座岛屿都有1~2个洞穴，形成了小舟可以通行的“隧道”。

蜈支洲岛

蜈支洲岛坐落于三亚市海棠湾，地理位置优越，自然环境优美。海岸线蜿蜒绵长，海水清澈见底，海底世界五彩斑斓，海洋生物丰富多样，形成了独特而迷人的海岛风光。

蜈支洲岛是海南岛周围为数不多的有淡水资源和丰富植被的小岛，南部临海处悬崖陡峭、惊涛拍岸，显得非常壮观；中部以蜿蜒起伏的山林、草地为主，绿意盎然，生长着2000多种原生植物，其中不乏桫椤这样的奇异花木；北部有平静的海滩，沙质细腻，海水清可见底，海底珊瑚礁被保护得很好，夜光螺、海参、龙虾、马鲛鱼等在这里自由自在地生活着。得天独厚的自然条件，使得蜈支洲岛成了度假休闲胜地，每年吸引着大批游客来岛上观光游览。

尽管海南在地理位置上相对孤立，但这并未阻止它形成黎苗文化、南洋文化、红色文化等丰富多样的文化类型，岛上不胜枚举的非物质文化遗产更是这些文化的独特载体。

海南现在已成为我国南海上的一颗明珠，展现着无限的魅力。

原典精选

《琼州志》曰：在文昌东一百里，海中有山，连起七峰，内有泉，甘洌可食。元兵刘深追宋端宗，执其亲属俞廷珪之地也。俗传古是七州，沈[1]而成海，舶过，用牲粥祭海厉，不则为祟[2]。舟过此极险，稍贪东便是万里石塘，即《琼志》所谓万州东之石塘海也。舟犯石塘，希[3]脱者。

选自《东西洋考·卷九·舟师考》
作者：[明] 张燮（xiè）

咬文嚼字

❶ 沈：通“沉”。❷ 祟：迷信说法，指鬼神导致的灾祸。❸ 希：通“稀”，稀少，稀有。

古文今译

《琼州志》中记载：在文昌东面一百里的海中有一座山，山上有连绵七座山峰，山中还有泉水，泉水甘美清冽可以饮用。元朝时期，元兵将领刘深追击宋端宗，控制了他的亲属俞廷珪的领地。传说古时候这里曾是七州的所在地，后来沉没形成了海洋。过往的船只会用牲畜做成的粥来祭祀这片海域，不然就会有灾祸发生。船只经过这里非常危险，稍微向东多航行一些就会抵达万里石塘，即《琼州志》中提到的万州东边的石塘海。船只一旦进入石塘海，很少有能逃脱的。

知识面面观

海南岛是怎么形成的？

海南岛属于大陆型岛屿，在约2亿年前只是大陆向南延伸的一部分，由于强烈的地质运动，地壳发生变形、隆起，形成原始海南岛。约6500万～260万年前，原始海南岛与大陆之间的大陆架渐渐断裂，海水不断涌入，形成北部湾和雷琼海峡。约260万年前，雷琼海峡内火山活动愈演愈烈，形成雷琼火山台地。冰河时期结束后，海平面迅速上升，海水淹没雷琼火山台地的低处，形成琼州海峡，从此海南就变成了孤立的海岛。

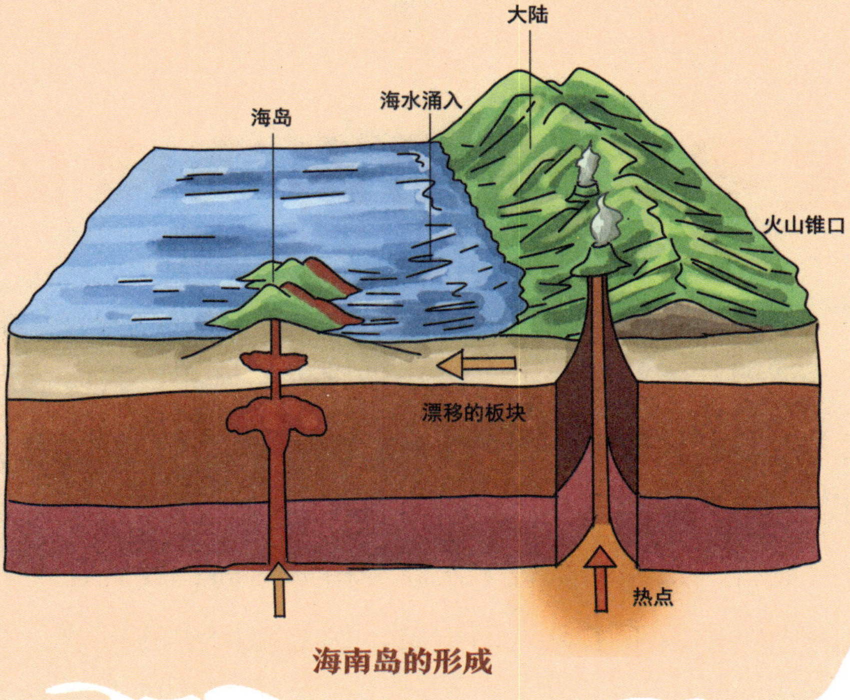

海南岛的形成

星罗棋布的南海诸岛

波澜壮阔的南海上，大小岛礁星罗棋布，碧海蓝天一望无垠，有一种自然的纯净之美。这里不仅有热带自然景观，还有悠久的人文历史。早在汉朝时，我国人民就已在南海航行。郑和船队曾多次航经南海诸岛，并且在《郑和航海图》中留下了珍贵的记录。例如海图中的石塘、万生石塘屿即是今天的西沙群岛，石星石塘则是东沙群岛。

西沙群岛

西沙群岛是我国南海陆地面积最大的群岛，古称九乳螺洲（石）、七洲（洋）、长沙、千里长沙等，由永乐群岛和宣德群岛组成。值得一提的是，永乐群岛和宣德群岛是为了纪念明朝永乐与宣德年间郑和的伟大航行而命名的。这里的主要景点有全富岛、七色海银屿岛、鸭公岛、七连屿等。

东沙群岛

东沙群岛古称落漈、石星石塘。它是南海诸岛中位置最北、岛礁最少的一组群岛。群岛中有一座树荫浓密的岛屿——东沙岛。东沙岛呈新月形，是东沙岛群中唯一露出水面的岛屿。岛上植被茂密，繁花似锦，还有大片椰子林。岛上虽然无人居住，却是海鸟的天堂。

中沙群岛

中沙群岛位于南海中部海域，西沙群岛东部，古称红毛浅、石星石塘等。中沙群岛也是海洋型岛屿，是由大量珊瑚礁和暗沙组成的群岛。黄岩岛是中沙群岛中唯一露出水面的岛礁，岛中的礁湖底部有大量活跃的造礁珊瑚虫。

南沙群岛

南沙群岛同样位于我国南海海域，古称万里石塘、万里长堤、万生石塘屿等，是南海诸岛中分布海域最广、岛礁最多的群岛。南沙群岛也与郑和有着渊源：在南沙群岛的北部，有一处群礁名叫郑和群礁，是为了纪念郑和的伟大航行而命名的。

西沙群岛、东沙群岛、中沙群岛和南沙群岛是我国南海的四大群岛，这些岛位于太平洋和印度洋之间，是我国最南端的领土，在巩固海防和维护海洋权益方面有着无法估量的意义。

原典精选

市中交易亦使中国铜钱，并用布帛之类。国王每以方物❶进贡朝廷，逮今❷未绝。

选自《瀛涯胜览·旧港国》
作者：[明]马欢

咬文嚼字

❶方物：本地产物，土产。❷逮今：至今。

古文今译

（旧港）市场交易中也使用中国铜钱，还会用布帛等物品来充当货币。他们的过往常常用土产进贡给朝廷，到今天也没有断绝。

知识面面观

珊瑚礁是怎样形成的?

许多人以为珊瑚是某种海底植物，其实不然。珊瑚是由珊瑚虫组成的。珊瑚虫是一种微小而柔软的动物，成千上万的珊瑚虫生活在一起，紧紧相连，就能形成形态各异的珊瑚。

珊瑚虫在生长过程中会分泌出石灰质，形成骨骼与灰质外壳。珊瑚虫死后，遗骸及灰质外壳会积聚起来，成为新生的珊瑚虫的摇篮。由于珊瑚虫繁殖迅速，生长快，一代代珊瑚虫在先辈的遗骸上不断生长，又不断繁殖、死去，这样循环往复，长期积累下来就形成了珊瑚礁。生生不息的珊瑚不断繁殖和积累，还会“建造”出珊瑚岛、珊瑚礁海岸等。

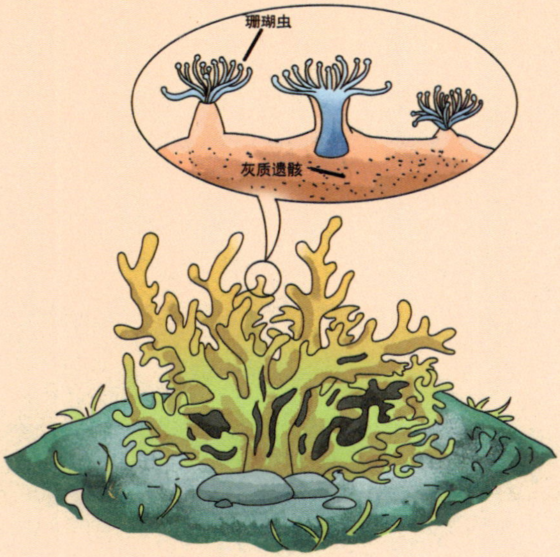

珊瑚礁的形成

南海游玩要点

景点

泉州少林寺： 位于清源山东麓，又名镇国东禅寺，俗称南少林。有上千年历史，规模宏大，是南少林武术的发祥地。

武夷山国家公园： 横跨江西、福建两省，拥有“世界自然遗产”和“世界文化遗产”双重头衔，有着众多的自然风光和历史文化景点，包括武夷宫、大王峰、仙女湖等。

沙湾古镇： 位于广州市番禺区市桥河南面、珠江水系沙湾水道的西北部，是一个有着800多年历史的岭南文化古镇，具有丰富的物质文化资源和非物质文化资源，保留了明、清、民国时期的古建筑，由于沙湾古镇长期保留了各历史时期的传统风貌、地方特色和民俗风情，因而具有较高的历史文化、艺术和科学价值，是中国民间艺术之乡、中国历史文化名镇。

莲花山旅游区： 位于广州市番禺区东郊，以其独特的莲花状岩石而得名，属丹霞地貌，山上绿树成荫，繁花似锦，拥有丰富的历史文化遗产。主要景点有莲花石、燕子岩、八仙岩、莲花岩、观音岩、飞鹰岩、南天门、神仙桥等。

亚龙湾： 位于海南省三亚市东郊，有着如画般的海岛风光和温暖宜人的气候，是冬季避寒和休闲度假的旅游胜地。

蜈支洲岛： 坐落于三亚市海棠湾，自然景观优美，海底生态资源丰富，是集海岛观光、水上娱乐、休闲度假、蜜月旅行等于一体的综合度假区。

三亚亚特兰蒂斯度假区： 位于三亚海棠湾国家海岸，是一个集酒店、水世界、水族馆等多种旅游设施于一体的综合性度假区。

美食

泉州的美食有面线糊、烧肉粽、姜母鸭、泉州润饼、泉州咸饭、醋肉、海蛎煎、洪濑鸡爪等；广州的美食有虾饺、干蒸烧卖、白切鸡、云吞面、艇仔粥、牛三星、鸡仔饼、广式蛋挞等；海南的美食有海南粉、清补凉、海南鸡饭、文昌鸡、椰子饭、椰子鸡、和乐蟹、陵水酸粉、黎家竹筒饭、海南燕裸、椰丝糯米粑等。

小贴士

1. 在南海周边省份旅游时，应尊重当地的文化和习俗，参观寺庙等景点时衣着要得体。
2. 南海周边美食众多，在品尝当地小吃时要注意卫生；吃海鲜时要注意适量及禁忌搭配。
3. 沿海景区紫外线较强，请做好防晒。
4. 前往沙滩时尽量不要穿皮鞋、高跟鞋、运动鞋等，而应选择沙滩鞋等。
5. 不随意下海潜水，不擅自捕鱼或捕捞其他海洋生物，也不要踩踏海底珊瑚。

跟着古人

游中国

跟着徐霞客漫游自然奇景

瑾 言◎主编

应急管理出版社
·北 京·

图书在版编目（CIP）数据

跟着徐霞客漫游自然奇景 / 瑾言主编. -- 北京 : 应急管理出版社，2025. -- （跟着古人游中国）.
ISBN 978-7-5237-0892-7

Ⅰ. K928.9-49

中国国家版本馆 CIP 数据核字第 2024G91G81 号

跟着徐霞客漫游自然奇景

主　　编　瑾　言
责任编辑　郭浩亮
封面设计　彭明军

出版发行　应急管理出版社（北京市朝阳区芍药居 35 号　100029）
电　　话　010－84657898（总编室）　010－84657880（读者服务部）
网　　址　www. cciph. com. cn
印　　刷　天津泰宇印务有限公司
经　　销　全国新华书店

开　　本　710mm×1000mm 1/16　**印张**　24　**字数**　240 千字
版　　次　2025 年 2 月第 1 版　2025 年 2 月第 1 次印刷
社内编号　20230578　　**定价**　128.00 元（共六册）

前言

中国这片辽阔的大地上，拥有无数的自然景观与人文景观，从连绵起伏的山脉到蜿蜒曲折的河流，从一碧万顷的湖泊到古色古香的亭台楼阁……每一处景观都向我们展示着中华大地深厚的文化底蕴。

古时，文人墨客也会慕名游览名胜景观，并写下一篇篇佳作。那么，在他们的笔下这些景观又呈现出怎样的风貌呢？在我们编写的这套《跟着古人游中国》里，你会得到一些答案。

你可以跟着大旅行家徐霞客漫游华夏大地，欣赏鬼斧神工的“象鼻山”奇景，远眺银装素裹的玉龙雪山；跟随张骞的足迹，在河西走廊欣赏七彩的丹霞地貌，在帕米尔高原对抗凛冽的寒风；也可以一边吟诵谢灵运的优美词句，一边饱览我国的秀丽山水……

除了徐霞客、张骞、谢灵运，我们还请了郑和、沈括和郦道元当“导游”，并通过对他们足迹的记述，将祖国壮美的河山浓缩在笔端，展开一幅幅生动的历史画卷。这套书不仅是一部旅行指南，更是一部文化百科全书。无论你喜欢自然风光，还是对历史文化感兴趣，都能在这套书中找到乐趣。不仅如此，书中的旅游攻略板块还介绍了当地的美景、美食，并附有出行小贴士，为你日后的旅行做准备。

现在，让我们翻开这套《跟着古人游中国》，跟随先贤的脚步来一次跨越时空的旅行吧。

目录

跟着徐霞客游云南

跟着徐霞客
游广西

徐霞客（1587—1641），明代地理学家。博览图经地志，足迹遍布大江南北，并将所见所闻详细记录。他去世后，季梦良等人对他的游记进行整理，最终形成了具有地理学价值与文学价值的《徐霞客游记》。

象山奇景

明崇祯十年（1637 年）五月初九，徐霞客来到了名闻天下的象鼻山。象鼻山原本叫漓山，是桂林象山景区的核心部分，这里独特的景色给他留下了深刻的印象。

2003 年，象山景区被列为“世界旅游组织推荐游览景区”。这里气候温和，雨量充沛，光照充足。象山景区有水月洞、象眼岩、普贤塔、云峰寺及寺内的太平天国革命遗址陈列馆等景观。附近还有隋唐开元寺仅存的舍利塔。这里自然山水与人文景观交相辉映，令人心驰神往。

“象山水月”

象鼻山十分神奇，其神奇之处表现在两个方面：一是形似大象，二是水月洞。水月洞是象鼻和象腿之间的一个圆洞，江水从洞中流过，远远望去，就像是明月浮在水上。水月洞与象鼻山一起构成了“象山水月”奇景。

“漓江双月”

漓江东岸的穿月岩位于穿山山腰，洞穿山体，高旷空明，宛如皓月当空。穿月岩与“象山水月”相对。这两处风景的两轮“明月”，一个挂于天，一个浮于水，构成了“漓江双月”的奇特景观。

普贤塔

普贤塔高耸于象山山顶，建于明朝初年。普贤塔塔身为圆宝瓶形，圆形伞盖，顶部为两圈相轮，远远看去，就像一只古朴典雅的宝瓶，还像是插在象背上的一枚剑柄，所以又称“宝瓶塔”或“剑柄塔”。这正与大象驮宝瓶的美丽传说相印。

唐宋以来，象鼻山一直是游览胜地，不少文人墨客被其吸引，纷纷留下佳作。如宋代蓟（jì）北处士的《和水月洞韵》：“水底有明月，水上明月浮，水流月不去，月去水还流。”该诗形象地描绘了象鼻山“象山水月”这一胜景。

原典精选

上既空明如月，下复内外潆波❶，“水月”之称以此。而插江之涯，下跨于水，上属于山，中垂外掀❷，有卷鼻之势，“象鼻”之称又以此。水洞之南，崖半又辟陆洞。其崖亦自山顶东跨江畔，中剜❸圆窍❹，长若行廊，直透水洞之上，北踞❺窍口，下瞰❻水洞，东西交穿互映❼之景，真为胜绝❽。

选自《徐霞客游记·粤西游日记一》

作者：[明] 徐霞客

咬文嚼字

❶潆（yíng）波：回旋的水波。❷外掀：向外翻卷。❸中剜（wān）：从山的中间剜开。剜，用刀子等挖。❹圆窍：圆形的洞口。❺踞（jù）：蹲坐，占据。❻瞰（kàn）：从高处向下看。❼交穿互映：相互交通，相互掩映。❽胜绝：绝顶，绝妙。

古文今译

上面中空犹如明月，下面内外水波回旋，“水月”的名称即由此而来。而插入漓江的石崖，下面跨在水中，上面与山相连，竖在中间向外翻卷，像是卷起的大象鼻子一样，“象鼻”的名称即来源于此。水洞的南方，崖壁中部又开辟出了陆洞。这里的石崖也从山顶向东跨到江畔，中间挖出圆形的洞，长得像个走廊，直接通到水洞之上，面对北方坐在洞口，向下俯瞰水洞，东西方的景色互相掩映，真是一处绝妙胜景。

知识面面观

象鼻山奇景是如何形成的？

据地质学家考证，在3亿年前，桂林还是一片汪洋大海。随着海底的碳酸盐类物质不断沉积、钙化，形成了碳酸盐岩地层。大约260万年前，桂林发育出了很多地下河。

后来，由于地壳隆起，地下河露出地表，其他的溶洞受流水长期的侵蚀、搬运、溶蚀逐渐崩塌，最终只有象鼻山所在的这一段被幸运地保留下来。

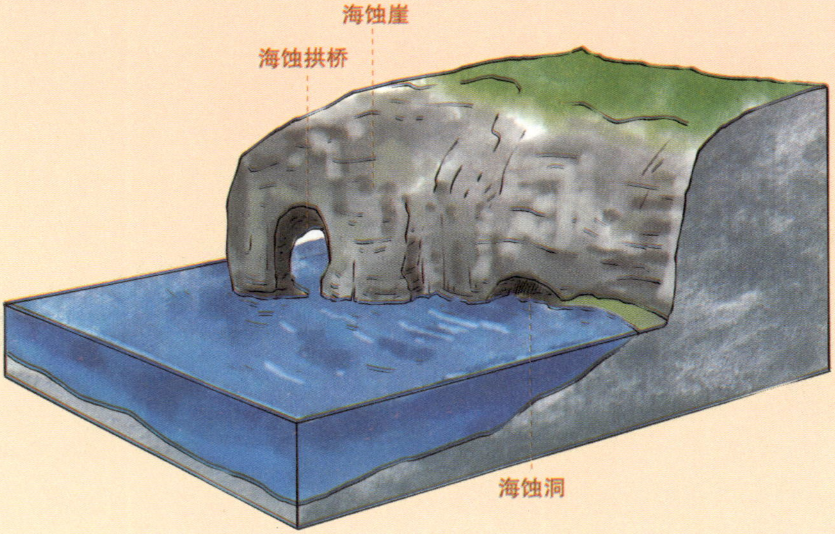

象鼻山示意图

探寻七星岩

明崇祯十年（1637 年）五月初二早晨，徐霞客吃过饭后，便与“驴友”静闻和尚、仆人顾仆一起去探寻向往已久的七星岩。

七星岩是“桂林古八景”之一，坐落于广西壮族自治区桂林市漓江东岸七星岩下，东普陀山腰。这里原本是一段古老的地下河道，后来露出地面，变成了岩洞。七星岩的名字改过很多次，隋唐时期叫作栖霞洞，到了宋代，又称作仙李岩、碧虚岩，后来又因七星山而得名七星岩。

地下宫殿图景

七星岩像个地下宫殿，是一个保护得比较完好的自然奇观。它气势恢宏，深邃神秘，像是被时间遗忘的地下世界。洞内有许多石钟乳、石笋、石柱等，每一个细节都体现出了大自然的鬼斧神工。其中，著名的景象“古榕迎宾”如同一棵大榕树一样枝繁叶茂；“群英聚会”则展现众多石笋柱的聚集，栩栩如生。此外，“银河鹊桥”的石缦花，“孔雀开屏”彩灯绘，以及“蟠桃送客”，皆令人心醉神迷。地下宫殿的每一处景象都充满着生动的艺术美感，使人流连忘返。

千年石刻

自隋唐时期起，七星岩便以其独特的自然风光成为著名的旅游胜地，不仅吸引了无数文人墨客，也留下了众多珍贵的石刻遗迹。隋开皇十年（590 年），僧人昙迁在此题写了“栖霞洞”的榜书；唐显庆四年（659 年），一位无名氏在此留下了“玄栖霞之洞”的题字，；宋代，名臣范成大在此留下了《碧虚铭》，诗人柯梦得亦创作了《迎送神曲》。这些作品不仅丰富了七星岩的文化内涵，也体现了当时文人对七星岩的赞美和向往。

随着现代科技的飞速发展，七星岩的游览体验也得到了极大的提升。人们在洞内运用了先进的光影技术和多媒体互动装置，使得各种钟乳石造型更加栩栩如生。

原典精选

其左即为佛庐[1]，当岩[2]之口，入其内不知其为岩也。询寺僧岩所何在，僧推后扉[3]导余[4]入。历级而上[5]约三丈，洞口为庐掩黑暗；忽转而西北，豁然中开，上穹[6]下平，中多列笋[7]悬柱，爽朗通漏[8]，此上洞也，是为七星岩。从其右历级下，又入下洞，是为栖霞洞。

选自《徐霞客游记·粤西游日记一》

作者：[明] 徐霞客

咬文嚼字

❶ 佛庐：佛寺。❷ 岩：这里指岩洞。❸ 扉（fēi）：门。❹ 余：人称代词，相当于“我”。❺ 历级而上：即“历阶而上”，指沿着台阶，依次登上。❻ 穹（qióng）：指天空中间高四周下垂的样子，也泛指高起成拱形的。❼ 笋：指石笋。❽ 爽朗通漏：高爽清朗，通风透亮。

古文今译

它的左边就是佛寺，正好位于岩洞的入口处，进入寺中尚且不知道里面已是岩洞。我询问寺里的僧人岩洞在什么地方，僧人推开后门领着我进去。（我们）沿着台阶大约向上走了三丈，洞口被屋子掩盖，又黑又暗；忽然转向西北，洞里豁然开朗，顶部拱起，地面平坦，中间有许多石笋和悬着的石柱，高爽清朗，通风透亮，这里是上层的岩洞，叫作七星岩。从它右侧走下台阶，又来到了下层岩洞，这就是栖霞洞。

知识面面观

石钟乳是怎样形成的?

石钟乳也叫钟乳石，是悬在溶洞顶上的像冰锥一样的物体，与石笋上下相对。

石钟乳通常形成于由石灰岩构成的山区溶洞内。由于自然界的水中含有少量二氧化碳，它们渗入石灰岩的缝隙中时，会与其发生化学反应，溶解岩石中的碳酸钙。这些水从溶洞顶部慢慢滴落时，水分蒸发，二氧化碳逸出，碳酸钙固体重新析出，经过几万甚至几十万年就形成了石钟乳。

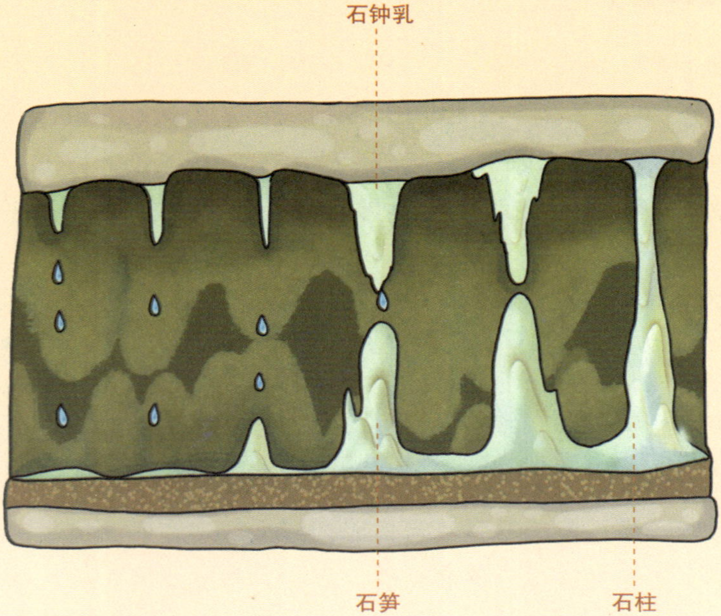

石钟乳形成示意图

“福地洞天”

明崇祯十年（1637 年）七月，徐霞客前往广西的三处“福地洞天”——都峤山、白石山、勾漏山游览。

道教有“三十六洞天，七十二福地”之说，每一处福地洞天就是一处名山胜地。

都峤山

都峤山位于玉林市容县，是广西东南部的名山之一。它是典型的丹霞地貌，以高大巍峨、谷幽道险、峰奇石怪著称。山中岩穴排列有序，峭壁如刀劈斧砍，气势不凡。

除了优美的自然风光，都峤山还有极其丰富的人文景观。北宋大文豪苏轼、南宋丞相李纲等都曾来此游览，并留下诗篇。都峤山还是儒释道三教合一的宗教圣地，是一座集自然、人文、宗教于一体的名山。

白石山

白石山位于桂平市，是典型的丹霞地貌。明代以后，白石山成为旅游胜地。它以两座石峰为主，东侧为独秀峰，西侧为莲花蕊，双峰并立，险峻奇异。山中有漱玉泉、三清观、会仙岩等景观。游人将到山麓时，可在悬崖峭壁下看到一块状似人立的石头，高约二丈，面朝石壁，头戴僧帽，身披袈裟，因此得名“面壁僧”。不知此“僧”已面壁多少岁月矣！

勾漏洞

勾漏洞位于北流市东北勾漏山的主峰下，由宝圭、玉阙、白沙、桃源四个岩洞组成。这里的岩洞勾、曲、穿、漏，因此得名“勾漏”。洞内各种各样的石钟乳纵横交错，千姿百态，形成了一幅幅天然画卷。

现如今，景区工作人员在白石山上修筑了扶手，在勾漏洞里布置了瑰丽的灯光，这给游客们提供了便利，也增强了他们的体验感。

原典精选

已东转而上，入石峡中。其峡两峰中剖，上摩层霄，中裂骈❶隙，相距不及丈，而悬亘❷千余尺，俱不即不离，若引绳墨❸而裁削之者，即俗所夸为“一线天”，无以过也。磴❹悬其中，时有巨石当关，辄❺置梯以度，连跻❻六梯，始逾峡登坳。坳之南北，俱犹重崖摩夹。

选自《徐霞客游记·粤西游日记二》

作者：[明] 徐霞客

咬文嚼字

❶骈（pián）：并列的，对偶的。❷亘（gèn）：在空间或时间上延续不断。❸绳墨：木工打直线用的工具。❹磴（dèng）：石头制成的台阶。❺辄（zhé）：就。❻跻（jī）：登。

古文今译

不久向东转上去，进入石峡。这座石峡两边的山峰从中间剖开，上面仿佛能触及云霄，中间裂出两道缝隙，距离不足一丈，而悬空绵延千余尺高，既没有合拢到一起，也没有断裂分离，像是有人用绳墨画好直线后刀裁斧削出来似的。人们称赞这里为“一线天”，一点儿也不为过。石阶悬在缝隙中，时常有巨石阻挡在险要处，只能放置梯子跨过，（我们）一连攀登了六架梯子，才越过石峡，登上山坳。山坳的南北两侧，仍然是重重山崖逼近相夹。

知识面面观

什么是丹霞地貌？

丹霞地貌是以陡崖坡为特征的红层地貌。其中红层地貌中的“红层”是指在中生代侏罗纪至新生代第四纪沉积形成的红色岩系，一般又称为“红色砂砾岩”。岩层呈块状结构，富有易于透水的垂直节理。造山运动使岩层挤压抬升，而后流水沿岩层垂直节理面不断侵蚀、搬运，形成两壁直立的深沟，有些崩积物流水搬运不走，逐渐形成了山麓的缓坡，而山崖表面的岩石崩塌后，山顶面范围越来越小，再经过风化、剥蚀等，最终形成了现在人们所见的丹霞地貌。

丹霞地貌形成过程

寻梦三里·洋渡

明崇祯十年（1637年）十二月，徐霞客来到了三里洋渡，饱览了这里独特、秀美的风景。

三里·洋渡指广西壮族自治区南宁市上林县东南部的自然风景区，这里自然古朴、景色宜人，山、水、石、洞四大风光皆有，素有“小桂林”的美誉。徐霞客在此驻足观赏了五十多天，足见他对三里·洋渡的偏爱。

明镜岩

明镜岩的“岩”指的不是岩石，而是岩洞，它还被称为“韦龟岩”“韦龟洞”，位于上林县三里镇韦归庄内。明镜岩洞门狭窄，每次只能容一人通过，洞内却平坦开阔，进入后使人有豁然开朗之感。东边有一汪水潭，清如明镜，洞顶有一处裂口，阳光投射下来，正好照到水面上，给人以宁静空灵之感，这也是它名称的由来。

簪笔山

簪（zān）笔山在香潭庄旁边，清澈的河水从它身旁不远处流过。从不同的角度看簪笔山能看到完全不同的姿态：从香潭村口岔路的位置看，簪笔山像是女子头上佩戴的发簪，故得名“簪笔山”。而从东边看过去，它则像是擎天之柱，直冲云霄。《徐霞客游记》中有关“有耸立众峰间，卓如簪笔者”的记载，说的就是此山。

洋渡风光

洋渡古时称为“杨渡”，现在的景区指白崖堡、白崖堡岩洞以及洋渡村一带清水河沿岸山水景观。清水河沿岸山清水秀，乘竹筏顺流而下，可以看到簪笔山、三岐山等山水风光。

岭南石碑

位于清水河畔山岭中的《大宅颂碑》和《智城碑》是广西的瑰宝。《大宅颂碑》刻于唐高宗时期，被誉为“岭南第一唐碑”；《智城碑》刻于唐武则天时期，被誉为“岭南第二唐碑”；两者都是摩崖石刻。这两块碑的书法、文风都有很高的造诣，对研究壮族文化有很高的参考价值。

现如今，人们移山造湖，修建了世界十大喀斯特岩溶水库之一的大龙湖，等待更多游客的到来。

原典精选

由岐[1]北入石山夹中，其山千百为群，或离[2]或合[3]，山虽小而变态特甚。有分三岐[4]者，东岐大而高，中次之，西岐特锐，细若竹枝，诡态[5]尤甚；有耸立众峰间，卓[6]如簪笔者。由其西转而北，入石山峒中。五里，北至杨渡[7]，一大溪西由上林崇山中东流至此，直逼北面石山下，又有一溪北由三里山峡中南向入之，二流合而其溪愈大，循石山而东，抵迁江入都泥[8]焉。

选自《徐霞客游记·粤西游日记四》

作者：［明］徐霞客

咬文嚼字

❶岐：岔路。❷离：指距离远。❸合：指距离近。❹岐：这里指山。❺诡态：诡异的姿态。❻卓：高而直的样子。❼杨渡：今作“洋渡”。❽都泥：即都泥江。

古文今译

从岔路向北进入石山夹谷，这条山脉中有成百上千座山峰，有的相隔很远，有的又紧紧挨在一起，山虽然小，但是姿态变化很大。有座山分成了三座支峰，东边的支峰又高又大，中间的次之，西边的十分尖锐，细得像是竹子的枝条，十分诡异；有的耸立在群山之中，那高而直的样子就像是发簪、笔尖。我从这座山的西侧转而北上，进入了石山峒。又走了五里，向北来到了杨渡。一条大河从西边上林县的崇山峻岭之中向东流到了这里，一直流到了北边的石山下。又有一条河从北边三里城的高山峡谷中向南汇入。两条河的交汇使得这条河水流更大了。河水沿着石山向东流，抵达迁江后进入了都泥江。

知识面面观

干流与支流

干流指的是同一水系内全部支流所汇入的河流，也叫“主流”。支流指的是汇入另一条河流或其他水体，而不直接入海的河流。不过，有些支流不能直接汇入干流，而是汇入了其他支流，于是人们就给这些支流划分了不同层级，将直接汇入干流的称为“一级支流”，汇入一级支流的称为“二级支流”，依次类推。中国广袤（mào）大地上的众多河流就这样一级一级地汇入新的河流，最终向着大海滚滚而去。

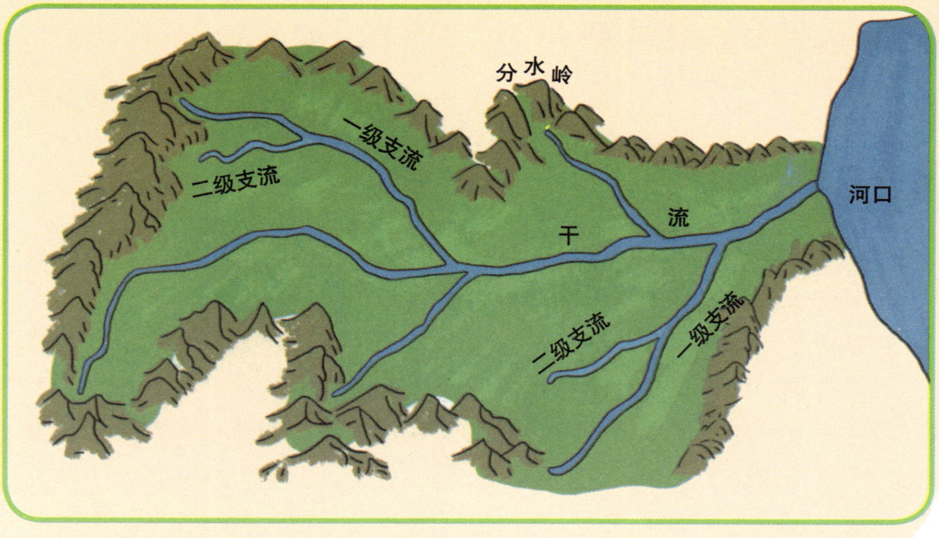

干流与支流

广西游玩要点

景点

- **象山景区：** 船游漓江，可观看象鼻山、水月洞、云峰寺等景观。
- **阳朔漓江景点：** 位于桂林市漓江江畔，有解元峰、东岭朝霞等景观。
- **乐业天坑群：** 位于百色市乐业县，有“世界天坑博物馆”之称。
- **德天瀑布：** 位于崇左市大新县硕龙镇德天村，中国与越南边境处的归春河上游，为亚洲第一、世界第四大跨国瀑布。
- **黄姚古镇：** 位于贺州市昭平县，是广西历史文化名镇。著名景点有文明阁、狮子庙、古戏台等。
- **北海银滩：** 位于北海市银海区，以“滩长平、沙细白、水温净、浪柔软、无鲨鱼”著称。
- **灵渠：** 位于兴安县境内，是世界上古老的运河之一。

美食

广西的美食有桂林米粉、荷叶鸭、酿菜、阳朔啤酒鱼、南宁老友粉、柳州螺蛳粉、玉林牛巴、荔浦芋扣肉、马蹄糕、巴马香猪等。

小贴士

1 旅游旺季，景点人多，需要提前预订门票，安排好行程。

2 冬季昼夜温差大，注意保暖；夏季炎热，注意防晒。

跟着徐霞客

游贵州

壮哉！黄果树瀑布

明崇祯十一年（1638 年）四月二十三日，徐霞客雇了个短途挑夫，沿着大道往南行，见到了他此生所见最为壮丽的瀑布——白水河瀑布，即现在的黄果树瀑布。

黄果树瀑布是我国最大的瀑布，在世界范围内享有盛誉。围绕着黄果树瀑布，集中形成了十几个形态各异的地面瀑布和地下瀑布，组成了庞大的黄果树瀑布群。

黄果树瀑布

黄果树瀑布在贵州省镇宁布依族苗族自治县西南 15

千米的白水河上，是世界上仅有的能从上、下、左、右、里、外六个不同位置观赏的瀑布，落差74米，宽81米，流量达2000立方米/秒。泻入犀牛潭，其势如万马奔腾，极为壮观。

水帘洞

黄果树瀑布的正下方有一处水帘洞，电视剧《西游记》中的水帘洞就是在这里拍摄的。水帘洞给黄果树瀑布增添了独特的风景。每逢日落，从洞窗向外望去，上方夕阳余晖映衬的山顶一片绯红，下方犀牛潭里彩虹缭绕，水汽蒸腾，美不胜收；人们穿行洞中，可以由内向外观看飞流直下的瀑布。

犀牛潭

黄果树瀑布下的深潭叫作犀牛潭。每当丰水期来临，飞水击潭，溅起无数水沫，百米水雾升腾而起，而漫天水雾经过阳光的折射，通常会形成美丽的彩虹，人们将其称为“雪映川霞”。运气好的话，还能看到“双虹耀日”的景象呢！

在黄果树瀑布风景区，瀑布、河道、水潭、溶洞、植被交相辉映，形成了令人震撼的奇妙景观。

原典精选

度桥北，又随溪西行半里，忽陇[1]箐[2]亏蔽，复闻声如雷，余意又奇境至矣。透陇隙南顾，则路左一溪悬捣，万练[3]飞空，溪上石如莲叶下覆，中剜三门，水由叶上漫顶而下，如鲛绡[4]万幅，横罩门外，直下者不可以丈数计，捣珠崩玉，飞沫反涌，如烟雾腾空，势甚雄厉，所谓“珠帘钩不卷，匹练挂遥峰”，俱不足以拟其壮也。盖余所见瀑布，高峻数倍者有之，而从无此阔而大者，但从其上侧身下瞰，不免神悚（sǒng）。

选自《徐霞客游记·黔游日记一》

作者：［明］徐霞客

咬文嚼字

❶陇（lǒng）：山，土岗子。❷箐（qìng）：山间的大竹林。❸练：白绢。❹鲛绡：传说中鲛人所织的绸子，也泛指薄纱。

古文今译

走过桥北，又随溪流向西行了半里，忽见山陇亏缺，竹林遮日，又听到水声如雷，我以为又到了奇境。透过山陇的缝隙向南回望，道路左侧的一条水流直泄而下，如万条白绢在空中飞舞，溪流上方的石头像是莲叶下覆，中间有三个如同用刀挖出来的洞，水从石头顶漫下来，像是万匹薄纱横罩洞外，飞流直下的距离不可以用丈计数，如春捣珍珠、玉屑迸溅，溅起的水沫不断翻涌，犹如空中飘起浓厚的烟雾，气势十分雄壮迅猛，所谓的“珠帘钩不卷，匹练挂遥峰”完全不能用来形容它的壮阔。大略说来，我之前见过的瀑布，有比它高峻数倍的，但从没有比它阔大的，只是从上面侧身往下看，就不免让人惊悚。

知识面面观

黄果树瀑布是怎样形成的？

瀑布的形成大多与流水侵蚀作用有关，黄果树瀑布也不例外。黄果树瀑布所在的位置是喀斯特地貌，存在大量裂缝，且水流量很大，地表水每次流到这里就会下渗。而喀斯特地貌的岩石大多为碳酸盐，它们很容易被流水侵蚀，再加上受温湿气候的影响和水流的落差，逐渐形成了落水洞。洞中形成了地下河。之后，洞内的岩体在大量流水的冲击与侵蚀下坍塌，洞顶的岩层因失去支撑而倒塌，落水洞也就消失了，地下河由此变成了地上河，河流行进到落差大的地方，就形成了我们如今看到的黄果树瀑布。

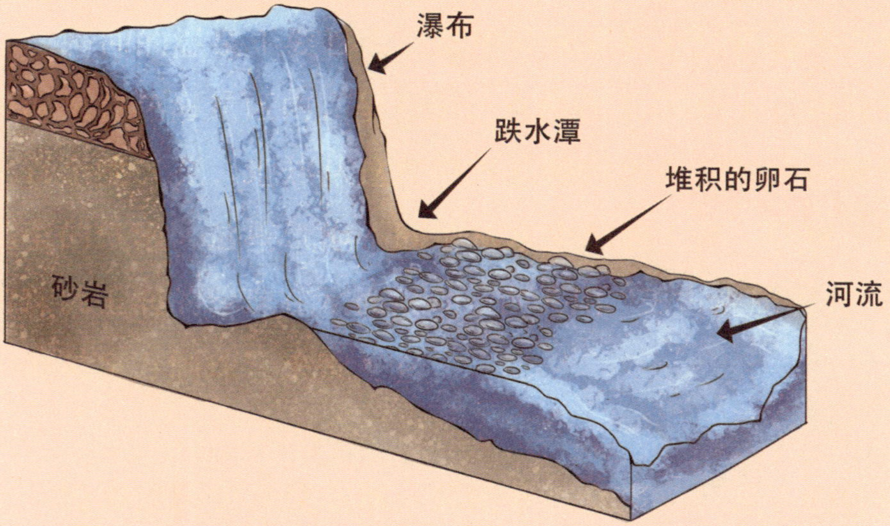

黄果树瀑布地质剖面图

万峰成林

明崇祯十一年（1638 年），徐霞客两度来到万峰林，他被这里的山峰吸引，不禁发出“天下山峰何其多，唯有此处峰成林”的感叹。

万峰林坐落于贵州省兴义市的东南部，由成千上万重奇峰翠峦组成。它气势磅礴，景观奇特，是中国境内最大、最典型的喀斯特峰林，被誉为“天下奇观”。在这里，犬牙交错的峰林中散布着一些田地和村庄，小河弯弯曲曲地流过，人与自然和谐相处。

多姿峰林

万峰林最值得观赏的景观自然就是峰林。这里的山峰密集而奇特，气势宏大而壮阔，绵延 200 多千米。山间云层密布，阳光从层层叠叠的云层间洒落下来，营造出种种

美妙的光影氛围。根据形态，峰林分为列阵峰林、宝剑峰林、群龙峰林、罗汉峰林、叠帽峰林五种类型。每种类型的峰林都有自己的特点，既可以独立观赏，又与其他峰林相映成趣。

八卦田

八卦田是万峰林景区内的著名景观，它的中心是天然形成的圆形地漏。这个地漏深不见底，地下连通了一条暗河，长年积水，既不会枯竭，又可以用来泄洪，为耕种提供了良好的条件。因此，当地百姓围绕它开垦了田地，并根据地形垒起了田埂。田地环环相扣，构成了奇异的八卦图案。“八卦田”的名字也由此而来。

神奇天坑

到了万峰林，另一处不能不看的自然景观就是天坑。这里的天坑多到数不清，就像是飞碟降落砸到了这里。万峰林的天坑以雨古鲁、洋坪、吊井坝、下发励最为典型，其中最漂亮、最著名、最受人们喜爱的当属雨古鲁。雨古鲁在兴义城区东北方向，它的底部宽阔而平坦，整个天坑的形状就像个巨大的喇叭花，从坑底到坑顶的垂直距离足有 600 米，周围还有青翠的峰林相伴。

万峰林还有古庙、古营盘等人文景观，它将自然美景和人文景观完美融合，具有独特的自然文化价值。

原典精选

盖此丛立之峰，西南始于此，东北尽于道州，磅礴数千里，为西南奇胜，而此又其西南之极云。……伫而回睇❶，始见其前大坞❷开于南，群山丛突，小石峰或朝或拱，参立前坞中。而遥望坞外，南山横亘最雄，犹半与云气相氤氲❸，此即巴吉之东，障盘江而南趋者也。

《徐霞客游记·滇游日记二》

作者：［明］徐霞客

咬文嚼字

❶睇（dì）：斜着眼看。❷坞（wù）：地势周围高而中间凹的地方。❸氤（yīn）氲（yūn）：形容烟或云气浓郁。

古文今译

大致这类丛立的山峰，西南方从这里开始出现，向东北终于道州，气势磅礴，绵延数千里，是西南部的奇特胜景，而此处又是西南部这类胜景最为出众的地方。……站在这里回头望，才看到前面的大坞向南敞开，群山林立突起，小石山有的像是朝拜，有的像是拱手，错落地矗立在前方的山坞里。向坞外望去，南方横卧的山是最雄壮的，犹如被天上的云笼罩了一半。这就是巴吉东面阻挡盘江向南流的山脉了。

知识面面观

什么是峰林？

峰林是石灰岩地区在水流长期溶蚀和侵蚀作用下，形成的圆筒形或圆锥形的石峰，属于喀斯特地貌的一种。其主要分布在热带、亚热带，大多有洼地伴生。峰林的相对高度通常为 100~200 米，有些甚至能达到 300 米。

《中国国家地理》曾评选出中国最美的五大峰林，它们分别是桂林阳朔——山水相依的画廊；武陵源——失落深山的丹青；万峰林——高原上的心跳；三清山——西太平洋边缘最美的花岗岩；罗平峰林——金色的花园。

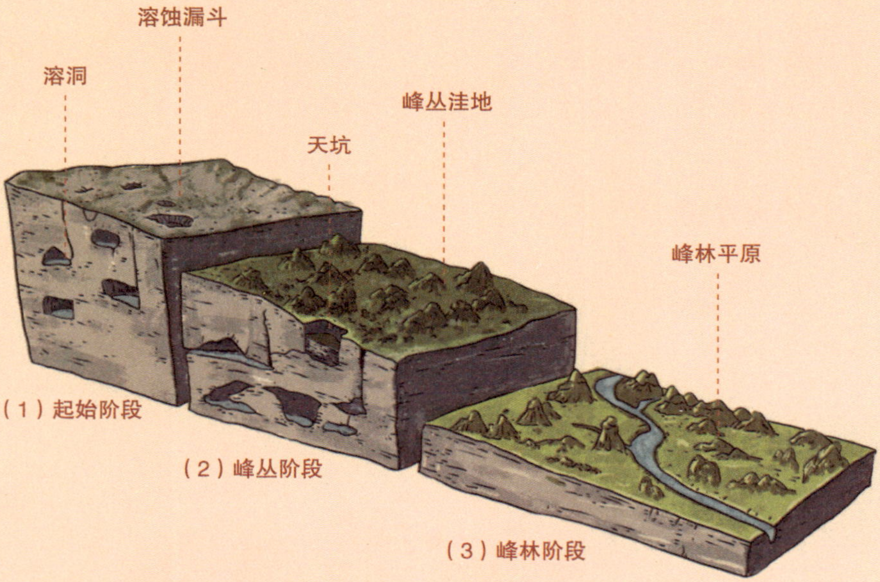

峰林形成阶段图

你好，青岩古镇

明崇祯十一年（1638 年）四月十四日，徐霞客翻越崇山峻岭，来到了青崖城。

青崖城就是我们现在说的青岩古镇，它坐落在贵阳市花溪区南部，处于广西、云南进入贵州的交通要道上，为明清两代的军事重镇。如今，古镇保持明清格局，朝门、重檐悬

山式民居等保存完好。起初，青岩古镇只是一处驻军堡寨，后来军民逐渐开始同住，城池也愈加繁荣，渐渐成了商业集镇。之后这里经过多次修筑、扩建，便成了我们现在看到的样子。

青岩书院

青岩书院位于青岩古镇的中心地带，建于明末清初，是个三进的四合院。不过，现在的青岩书院是在原址上重建的，据说这里原本是土司衙门。青岩书院建成后培养出了一批又一批优秀人才，尤其是出了赵以炯这个云贵两省第一个文状元。

青岩油杉

青岩古镇有许多古树，其中一种便是青岩油杉。青岩油杉是一种珍稀树种，仅分布于贵州中部十分狭窄的地区，集中分布在青岩古镇附近。每到春天，油杉林里便会飞来数千只白鹭，给古镇增添了一抹生机。

名人故居

青岩古镇保存了众多名人故居，如赵以炯状元故居、平刚先生故居等。此外，红军长征作战指挥部也在这里。

青岩古镇文化多样、历史底蕴深厚，是一座特色突出的古镇。

原典精选

度桥而南，半里，入青崖城之北门。其城新建，旧纡❶而东，今折其东隅❷而西就尖峰之上，城中颇有瓦楼阛阓❸焉。是日晴霁竟日，夜月复皎。

青崖屯属贵州前卫❹，而地则广顺州所辖。北去省五十里，南去定番州三十五里，东北去龙里六十里，西南去广顺州五十里。有溪自西北老龙脊发源，环城北东流南转。是贵省南鄙要害，今添设总兵❺驻扎其内。

《徐霞客游记·黔游日记一》

作者：［明］徐霞客

咬文嚼字

❶纡（yū）：弯曲，回转。❷隅（yú）：角落。❸阛（huán）阓（huì）：街道，也借指店铺。❹贵州前卫：明朝时，军队实行“卫所制”，明洪武年间设贵州前卫指挥使司。❺总兵：武官名。

古文今译

过桥之后往南走，半里之后就进入了青崖城的北门。这座城重新修建过，旧城墙绕向东面，如今它的东角倚靠着西方的尖峰修建，城中有不少瓦舍街市。这天晴朗了一整天，晚上月光也很皎洁。

青崖屯在军事上属于贵州前卫，但地方上却归广顺州管辖。北面离省城五十里，南面离定番州三十五里，东北方离龙里卫六十里，西南离广顺州五十里。一条溪水从西北方的老龙脊发源，绕城北向东后又向南方流。这里是贵州南方边境地区的要害之地，现在增设了总兵驻扎在城内。

知识面面观

什么是土司制度？

古时候，由于少数民族地区情况复杂，各民族发展不平衡，而且大部分处于偏远地区，中央政令也很难下达，因此，元、明、清政府在这些地区任命和分封地方官，让他们依从中央政令进行管理。这些地方官享有世袭的政治统治权、辖区土地的世袭所有权和附着在土地上的农民的世袭统治权。这些地方官就叫“土司”，又称“土官”。

土司制度初创于元代，到明代达到鼎盛。清代开始实行“改土归流”，政府委派流官取代土司世袭制度，土司逐渐衰落。但直到20世纪50年代，土司才彻底被废除。

土司衙门

寻访碧云洞

明崇祯十一年（1638 年）五月初三，徐霞客辞别了友人影修，前往了碧云洞。

碧云洞位于盘州市，因为有西冲、沙沟、狮子口三条溪流汇合而入，所以也叫“水洞”。碧云洞为天然喀斯特溶洞，洞内共分三层，蜿蜒曲折，景观奇特。

碧云洞四绝

碧云洞内有悬龙脊、蛇蜕皮、十八龙田、踞狮四绝。

碧云洞内有一处深不见底的洞窟，悬龙脊就位于窟南。悬龙脊是一条石脊，从洞顶沿着洞壁垂下来，鳞甲栩（xǔ）栩如生，犹如一条飞天的苍龙。从洞窟向东走，有一条石痕，也是从洞顶沿着洞壁垂下来，鳞纹细小，就像是蛇蜕，这就是蛇蜕皮。龙与蛇相对，大自然真是神奇。十八龙田在悬龙脊北面崖下，一片片岩石组成农田模样，仿佛能听到鸡犬之声。从这里向西望去，就能看到“踞狮”——它像是一头坐着的狮子，极具王者气派。

悬崖陡壁

碧云洞外的悬崖陡壁也十分值得观赏。悬崖陡壁高百米，坡度近乎 90 度，十分险峻。分为东、西两崖，东崖有碧云寺、回音亭、碑林等景观，西崖有岩台、曲径通幽、天梯等景观，崖顶由空中走廊相接，崖底由台阶相连。

摩崖石刻

碧云洞的摩崖石刻数量繁多，内容丰富。洞外的字迹大多较为清晰且字体较大，比如刻于同治八年（1869 年）的“尘清”摩崖，每个字足有一米高。洞内的字迹就有些难以辨认了，而且多数位于比较隐蔽的地方。

碧云洞因其独特的自然景观和丰富的历史文化而闻名，吸引着大批游客前来游览。

原典精选

然从暗中仰瞩❶其顶，又有一圆穴上透，其上亦光明开辟，若楼阁中函，恨无由腾空而上也。东行暗中者五六丈而出，则堂户宏崇，若阿房❷、未央❸，四围既拓，而峻发弥甚；水从东南隅下捣奥❹穴而去，光从西北隅上透空明而入；其内突水之石，皆如踞狮泛凫，附壁之崖，俱作垂旂❺矗柱。

《徐霞客游记·黔游日记二》

作者：［明］徐霞客

咬文嚼字

❶ 瞩（zhǔ）：注视。❷ 阿（ē）房（páng）：指阿房宫。秦始皇时修筑的宫殿，规模庞大，传说项羽将其烧毁时，大火三个月未熄。❸ 未央：指未央宫。汉代宫殿，极其宏伟，是中国古代规模较大的宫殿建筑群之一。❹ 奥：深。❺ 旂（qí）：古时的一种旗子。

古文今译

然而在暗处抬头看它的顶部，又有一处圆形的孔洞通向上面，里面也透出光来，看起来很宽敞，就像是包藏着楼阁，只恨无法腾空翻越上去。向东在黑暗中行走五六丈远进入另一个地方，这里高大宏伟，就像阿房宫、未央宫，四周既已开阔，而高峻之处愈甚；水流从东南角向下捣入穴中流出去，光亮从西北角透过孔洞照进来；洞里突出水面的石头，都像是蹲坐的狮子、浮水的野鸭，附在岩壁上的石头，都像是垂下的旗子、耸立的柱子。

知识面面观

什么是摩崖石刻？

摩崖石刻起源于远古时期，起初是一种记事方式，后来发展为一种石刻艺术，南北朝时期最为盛行，宋元以后仍连绵不绝。广义上的摩崖石刻指的是一种在山崖石壁上进行雕刻的石刻艺术，各类文字石刻、造像及岩画都属于摩崖石刻。狭义上的摩崖石刻仅指文字石刻。文字石刻内容广泛，文学作品、人物生平、医疗、历史、水利等无所不包，篆（zhuàn）、隶、楷、草、行等多种字体都有使用。

摩崖石刻

贵州游玩要点

景点

- **黄果树瀑布：** 位于镇宁县，是亚洲第一大瀑布。
- **西江千户苗寨：** 位于雷山县东北部，是中国最大的苗族聚居地，具有浓厚的民族风情。
- **青岩古镇：** 位于贵阳市，是贵阳的“南大门”，有九寺、八庙、五阁、二祠、一宫、一楼、一院、一府等30多处参观点。
- **龙宫风景名胜区：** 位于安顺市南郊，有全国最长、最美的水溶洞。
- **小七孔风景区：** 位于荔波县，集山、水、林、洞、湖泊和瀑布为一体，景色迷人。
- **赤水丹霞旅游区：** 位于赤水市，是全国面积最大、发育最美丽壮观的丹霞地貌区。

美食

贵州的美食有花溪牛肉粉、凉拌折耳根、酸汤鱼、肠旺面、羊肉粉、玫瑰冰粉、冰浆、甜酒粑和丝娃娃等。

小贴士

1. 贵州菜很辣，吃饭时一定要量力而行。
2. 贵州山区较多，如果去山地景点游玩，要穿适宜运动的衣服和鞋。
3. 贵州天气变化较大，出门前要看好天气预报，最好带上雨伞。

跟着徐霞客

游云南

西山与滇池

明崇祯十一年（1638 年），徐霞客两次游览昆明。他来到西山，遍览山腰诸寺，环滇池畅游，被这里的景色深深吸引。

西山坐落于云南省昆明市，山上植被茂密，景色宜人。西山脚下就是滇池。滇池也叫昆明湖，是云南省内最大的淡水湖，风光旖（yǐ）旎（nǐ），有“高原明珠”之称。

太华寺

太华寺位于太华山上，居西山群峰之中，是西山群峰的最高点，至今已有 700 多年的历史。寺庙由元代玄鉴禅师创立，明清时曾多次修缮扩大，但主殿仍保持元代建筑

风格。太华寺的最高处是大悲阁，站在上面仿佛能触及云端，许多文人来过这里游赏赋诗。

升庵祠

升庵祠坐落于昆明市西山脚下，濒临滇池，原是明代文人杨慎（杨升庵）的居所。这里依山傍水，古木参天，巍然静谧（mì）。主体建筑为砖木结构，大殿是传统歇山顶，供奉有杨慎的塑像。

滇池草海

草海是滇池的重要组成部分，位于滇池的东北部。这里湖水较浅，湖底平坦，因湖面上生长着茂密的水生植物而被称作“草海”。如今，草海水质较好，湖中的水生生物种类丰富，是昆明市民休闲娱乐的好去处。不仅如此，草海还是到昆明越冬的红嘴鸥的重要栖息地之一。每年的10月下旬到第二年的3月，滇池总会迎来从西伯利亚跋山涉水而来的红嘴鸥。

滇池湿地

滇池沿岸分布着许多湿地公园，比如捞鱼河湿地公园、南滇池国家湿地公园等。这些湿地公园由水面、滩涂、沼泽等构成，湿地生态系统较为完整。人们可以在这里的水杉林里感受划船的乐趣，在棕榈（lǘ）树旁体验热带风情。

原典精选

出省城，西南二里下舟，两岸平畴（chóu）夹水。十里田尽，萑苇[1]满泽，舟行深绿间，不复知为滇池巨流，是为草海[2]。草间舟道甚狭，遥望西山绕臂东出，削崖排空，则罗汉寺也。……盖碧鸡山[3]自西北亘东南，进耳诸峰由西南亘东北，两山相接，即西山中逊处，故大道从之，上置关，高峣实当水埠[4]焉。

选自《徐霞客游记·滇游日记一》

作者：［明］徐霞客

咬文嚼字

❶ 萑（huán）苇：芦苇长成后称萑苇。❷ 草海：海埂大坝将滇池分成了两部分，北部的称草海，明代又称其为西湖，南部的称水海，也称外海。❸ 碧鸡山：即西山。❹ 埠（bù）：码头。

古文今译

出了省城，向西南方行两里之后上了小船，两岸宽广的田野将流水夹在中间。船行了十里到了田野尽头，水泽中满是芦苇，小船行驶在深绿的水中，已经不再感到滇池是巨大的水流，这是到了草海。草间能供小船行驶的道路很窄，遥望西山，仿佛手臂向东伸出，陡峭的崖壁排列在空中，到罗汉寺了。……大体上，西山从西北横亘东南，进耳峰等诸峰则是从西南横亘东北，两山相连处，就是西山中间凹进去的地方，因此大路顺着这里修建，上面设置了关卡，高峣实际上成了码头。

知识面面观

滇池是怎么形成的？

滇池属于构造湖。第三纪喜马拉雅山地壳运动时，受到板块挤压，这里地壳断层陷落，变成了凹地，随着降水等水流注入、集聚形成几个大小不一的湖泊。而后，水量越来越大，湖底又被侵蚀，几个湖泊逐渐相连，最终汇聚成一汪大湖，也就是滇池。几百万年来，滇池的范围一直在不断变化，并且不会终止。

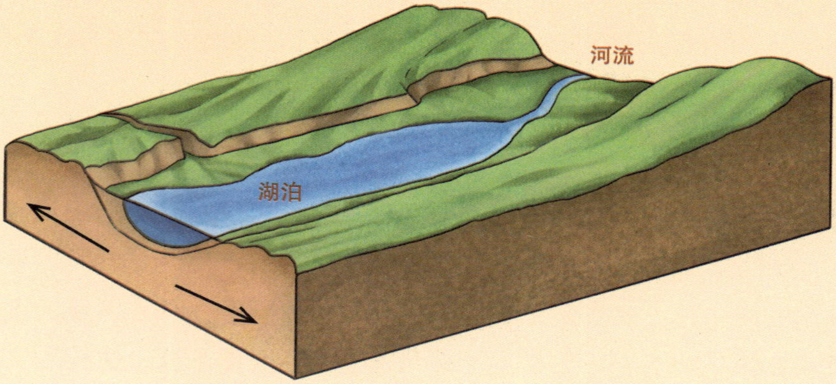

滇池形成示意图

佛都鸡足山

明崇祯十一年（1638 年）十二月，徐霞客首次抵达了鸡足山。在这里游玩的几天，他赶上了一年一度的登鸡足山进香活动。

鸡足山位于云南省大理白族自治州，因前列三峰，后拖一岭，就像是鸡足而得名。这里云雾缭绕，有不少珍禽异兽、奇花异草，作为迦叶尊者的道场，寺庙更是数不胜数。登上鸡足山的最高峰，可东观旭日升空，西览苍山洱海，南瞰山间

浮云，北望玉龙雪山——被称为“绝顶四观”。

空心古树

鸡足山上有许多参天古树，其中最令人惊叹的当属悉檀寺遗址附近的静禅古树。这是一棵空心树，里面可容纳20人左右，属高山栲（kǎo），历经了1700多年的风风雨雨。

玉龙瀑布

玉龙瀑布源自天柱峰中的龙王泉，在祝圣寺西不远处的峡谷里，是鸡足山八景之一。它形态变化无常，随季节变化而展示出不同的景观。又因为其间常有云雾缭绕，被誉为“飞瀑穿云”。

祝圣寺

祝圣寺初建于明嘉靖年间，原名迎祥寺，又叫钵（bō）盂庵。清代时祝圣寺已残破不堪，禅宗高僧虚云和尚组织募捐将其修缮，使寺庙再次焕发生机。祝圣寺坐西朝东，里面的大雄宝殿承袭了我国古代建筑的做法，具有重要的文物价值。

鸡足山宝殿肃穆，花木幽深，是云南的旅游胜地。

原典精选

从村后西循山麓，转而北入峡中，缘[1]中条而上，一里，大坊跨路，为“灵山一会”坊，乃按君宋所建者。于是冈两旁皆涧水泠泠[2]，乔松落落。北上盘冈二里，有岐，东北者随峡，西北者逾岭；逾岭者，西峡上二里有瀑布，随峡者，东峡上二里有龙潭；瀑之北即为大觉，潭之北即为悉檀[3]。

《徐霞客游记·滇游日记五》

作者：[明]徐霞客

咬文嚼字

❶缘：沿着。❷泠（líng）泠：形容声音清越。❸悉檀：即悉檀寺。它本是鸡足山上规模最大的寺庙，是鸡足山重要的文化地标。徐霞客在鸡足山时就住在这里，可惜后来被毁，其遗址在鸡足山宾馆后面一片茂盛的树林中。

古文今译

从村子后面向西沿着山麓走，然后向北转入峡谷中，沿着中间的山攀登而上，走一里后，有个大牌坊横跨在路上，是“灵山一会”牌坊，它是姓宋的按察使建造的。从这里开始山冈两旁溪水泠泠，高大的松树零落散布。向北盘山而上两里，出现了岔路，通往东北的路沿着峡谷走，通往西北的路要翻山越岭。翻山越岭的这条路，西边峡谷上方两里处有一条瀑布；沿着峡谷的路，东边峡谷上方两里处有一个龙潭。瀑布的北边就是大觉寺，潭水的北边就是悉檀寺。

知识面面观

什么是牌坊？

牌坊由立柱、戗（qiāng）杆、额枋（fāng）、花板等部件组成，是中国特有的门洞式建筑物。旧时牌坊多用来表彰忠孝节义的人物，也有些是用作宫观寺庙的山门，或指示地名等。著名的牌坊有顺峰山牌坊、许国石坊等。

起初，牌坊和牌楼是有区别的，牌楼更具备楼的样子，有斗拱和屋顶，而牌坊没有。由于二者在功能上差异很小，设立牌坊和牌楼的位置也差不多，所以逐渐混用了。

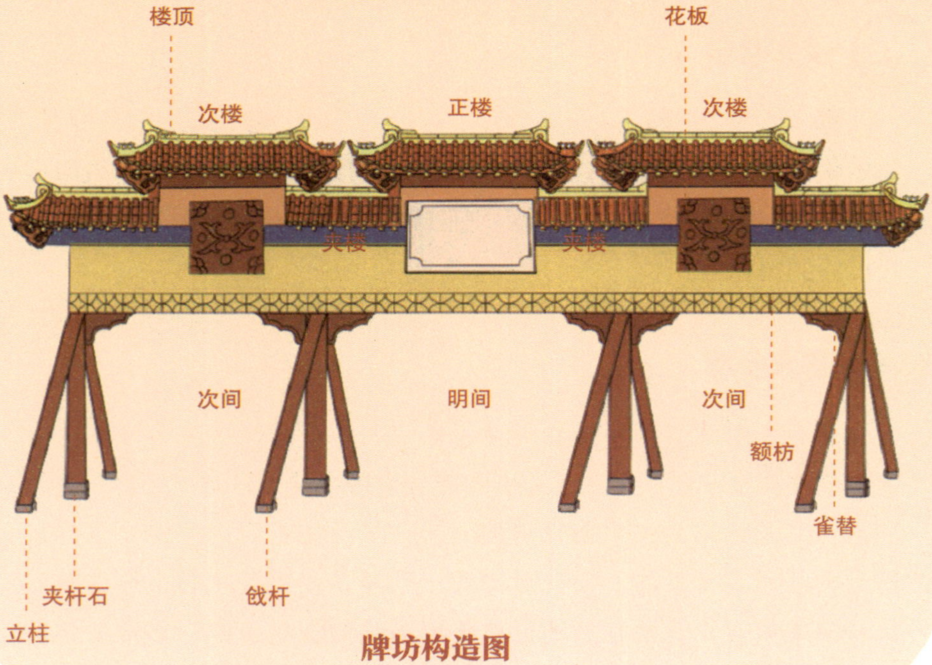

牌坊构造图

银装素裹玉龙雪山

徐霞客在鸡足山上远眺玉龙雪山，心潮澎湃，回去后便提笔写下“北辰咫尺玉龙眠，粉碎虚空雪万年。华表不惊辽海鹤，崆峒只对藐姑仙”的诗句。

玉龙雪山位于云南省丽江市，是一组雪山群。它地处亚热带，山脚四季温暖如春，山顶终年积雪。这里冰雪与绿林并存，有高山、森林、湖泊、草甸等景观。

冰川公园

冰川公园位于玉龙雪山的主峰——扇子陡东北坡的一片平缓坡地上，是玉龙雪山现代冰川的典型代表。这里春、秋、冬三季白雪茫茫，银装素裹，是滑雪、戏雪的好去处。夏季可以看到在4万年前形成的白水一号冰川。冰川末端那千姿百态的冰塔林，在阳光折射下呈现蓝绿色，仿佛一块块巨大的冰翡翠镶嵌在嶙峋的怪石之间，有“绿雪奇峰”的美誉。

云杉坪

云杉坪是玉龙雪山东面的一块巨大林间草地，在雪山主峰右下方，海拔3000米左右。这里草坪平缓而起伏，连绵千米。春夏两季，碧草连天，山花绽放；秋天一片金黄；冬天则银装素裹。草甸边缘的森林，在草甸与雪山之间形成一个天然屏障。后面雪山高耸入云，仿佛从空中俯视着这里。

蓝月谷

蓝月谷在玉龙雪山东侧的山脚下。天晴时，湖水呈现出梦幻的蓝绿色，山谷大致为月牙形，从天空俯瞰仿佛一钩蓝色的弯月，所以取名为“蓝月谷”。这里主要有玉液湖、镜潭湖、蓝月湖、听涛湖等美景，有“小九寨沟”的美誉。

玉龙雪山集险、奇、美、秀于一体，是云南的旅游胜地。

原典精选

从脊直北眺，雪山一指竖立天外，若隐若现。此在丽江境内，尚隔一鹤庆府于其中，而雪山之东，金沙江实透腋南注，但其处逼夹❶仅丈余，不可得而望也。

……

北瞻❷雪山，在重坞之外，雪幕其顶，云气郁勃，未睹晶莹。

《徐霞客游记·滇游日记六》

作者：[明]徐霞客

咬文嚼字

❶夹：通“狭”，狭窄。❷瞻（zhān）：向上或者向前看。

古文今译

从山脊处向北眺望，雪山像一根手指竖立在天外，若隐若现。这座雪山在丽江境内，中间还隔着一个鹤庆府，而雪山的东边，金沙江穿过山侧向南流去，但那里十分逼仄（zè），只有一丈多宽，无法望见了。

……

向北看去，雪山还在重重山坞之外，大雪盖住了它的顶部，云气密布，没有看到晶莹的雪峰。

知识面面观

玉龙雪山是怎么形成的?

玉龙雪山的形成是一个非常复杂的过程。起初，这里是一片汪洋，由于地壳运动，海洋逐渐变为陆地，而后隆起，形成高山。随着海拔的上升，这里的气温越来越低，便堆积了大量的降雪，形成了一片巨大的雪原。之后由于气温和降雪量不断变化，雪原的分布和形态也不断发生变化，最终变成了现在的样子。

玉龙雪山形成示意图

溯源金沙江

徐霞客一生对多个水道进行了溯源，其中长江溯源是耗费精力最多、持续时间最长的。他推翻了“岷山导江”这一在人们心中不可动摇的观念，得出了金沙江是长江的上游的结论。

金沙江流经四川、西藏、云南三省（区），两岸山高谷深，水流湍（tuān）急，由于携带大量沙土，江水呈黄色，故得名“金沙”，也有说是因为水中曾有大量沙金。

万里长江第一湾

金沙江上有两个著名的长江大湾——金沙江第一湾和长江第一湾。长江第一湾位于丽江市石鼓镇和香格里拉市的沙松碧村之间。滚滚的金沙江水从青藏高原向南奔流而下，在石鼓被山崖阻挡后，突然转向东北，形成了一个罕

见的“V”形大弯，即长江第一湾。

月亮湾

月亮湾，又名金沙江第一湾，是云南省和四川省的分界线。穿山越谷而来的金沙江在这里围绕着山峰潇洒地画了一个完美的“Ω”形。山头上建有一座观景台，站在观景台上俯瞰，金沙江尽收眼底，不禁让人惊叹大自然的鬼斧神工。

虎跳峡

虎跳峡处于长江第一湾和月亮湾之间，它雄、奇、险、峻，汇聚了雪山、峡谷、江河等多种景象，是金沙江落差最集中的河段，气势十足。虎跳峡分为上虎跳、中虎跳、下虎跳三段，是中国较深的峡谷之一。

三江并流

金沙江与澜沧江、怒江在云南境内自北向南浩荡奔流，三条江水并行奔流 170 多千米，澜沧江与金沙江直线距离最近的地方只有 66 千米，澜沧江与怒江的距离甚至不到 19 千米，形成了江水并流而不交汇的自然奇观。

作为中华民族的母亲河——长江的一部分，金沙江奔流不息，世世代代滋润着两岸大地，哺育着这片土地上的人们。

原典精选

发于南者曰犁牛石，佛经谓之殑（jìng）伽（jiā）河。南流经石门关，始东折而入丽江，为金沙江，又北曲为叙州大江，与岷山之江合。余按岷江经成都至叙，不及千里，金沙江经丽江、云南、乌蒙至叙，共二千余里，舍远而宗近，岂其源独与河异乎？非也！……岷流入江，而未始为江源，正如渭流入河，而未始为河源也。不第此也，岷流之南，又有大渡河，西自吐蕃，经黎、雅与岷江合，在金沙江西北，其源亦长于岷而不及金沙，故推江源者，必当以金沙为首。

《徐霞客游记·滇游日记十三》
作者：［明］徐霞客

古文今译

发源于南面的叫作犁牛石，佛经中称其为殑伽河。它向南流过石门关，开始东转进入丽江，名为金沙江，而后又北转成为叙州的大江，与岷山流下的江水汇合。我考察，岷江流经成都后到叙州，还不足一千里，金沙江流经丽江、云南、乌蒙到达叙州，有两千多里，舍弃远的源头而推崇近的，难道是一定要与黄河的不同吗？不对！……岷江汇入长江，却不是长江的源头，就如同渭水流入黄河，却不是黄河的源头一样。不仅如此，岷江的南面有一条大渡河，它西起吐蕃，经过黎州、雅州与岷江合流，在金沙江的西北方，大渡河的源头也长于岷江，但不如金沙江长，因此推论长江的源头，一定优先考虑金沙江。

知识面面观

峡谷是怎样形成的?

峡谷的形成与流水的侵蚀和地壳运动有关，流水两岸有坚硬岩层是必要条件。地壳挤压使地面隆起形成山脉，与此同时，河水长年累月的侵蚀使河床不断下切，当地表抬升的速度与河水下切作用协调时，岩层地区就会出现峡谷。

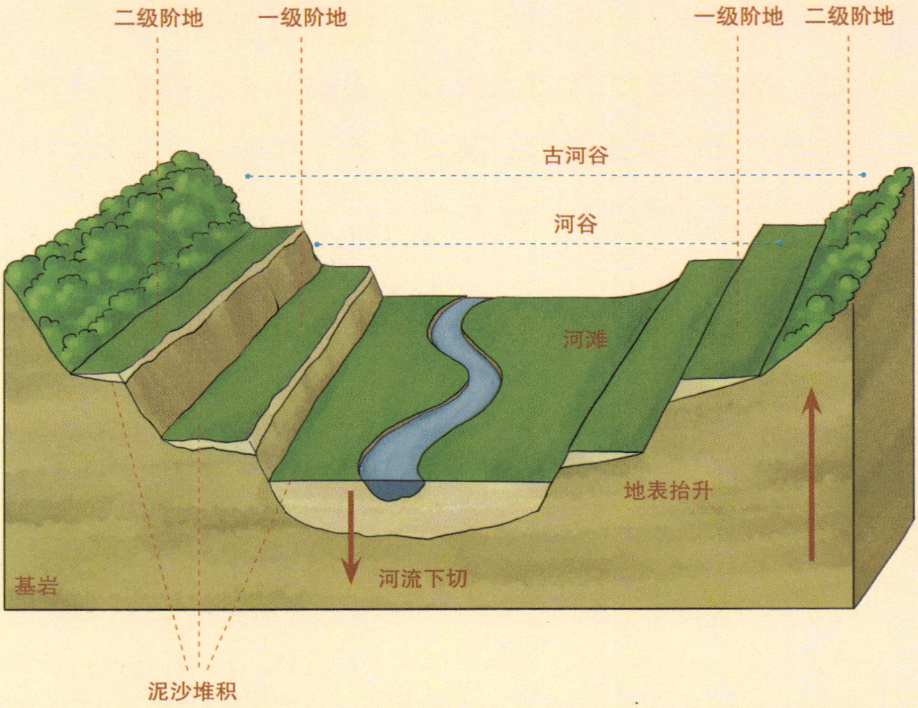

峡谷形成示意图

腾冲火山热海

明崇祯十二年（1639 年）四月，徐霞客来到了腾冲的打鹰山，后来又考察了腾冲的火山和地热活动。

腾冲火山群位于云南西南部，是一大群正处于休眠期的活火山。这里不仅有壮观的火山群，还有丰富的地热资源。

打鹰山

打鹰山是腾冲境内最高、保存相对完整的活火山，位于腾冲往北至固东的公路西侧，山顶有个圆形洼地，是岩浆喷溢后

期收缩形成的。这里不同季节有不同的景观：春天杜鹃花和山茶花漫山遍野；雨季时山上会形成一个浅水潭，目之所及，蓝天、白云、山峰，都映照在水潭之中；冬季水塘干枯见底，又是另一番景象。

热海大滚锅

热海大滚锅也叫“硫黄塘”“一泓热海”，是腾冲地热著名景观之一，位于热海景区的最高处，直径 6.12 米，深约 1.5 米，水温高达 96~97℃。它的周围砌了八块石板，就像是一口大锅，游人围在“锅”边等待着“锅”的水汽将鸡蛋、鹌鹑蛋、花生等食物蒸熟，十分有趣。

珍珠泉

腾冲的温泉千姿百态，其中珍珠泉具有独特魅力。这眼温泉在热海景区内，呈心形，水温在 90℃以上，池底有上百个喷气孔，地热从这些喷气孔喷射出来，形成一颗颗晶莹的气泡。这些气泡不断地从水中翻涌上来，就像一粒粒珠圆玉润的珍珠在水面滚动，古人用“千古沸腾百孔气，一池灵泉万斛珠”来赞美它。

腾冲是历史文化名城，旅游景点众多，也是人们体验温泉的理想选择。

原典精选

土人言，三十年前，其上皆大木巨竹，蒙蔽无隙，中有龙潭四，深莫能测，足声至则涌波而起，人莫敢近；后有牧羊者，一雷而震毙羊五六百及牧者数人，连日夜火，大树深篁❶，燎无孑遗❷，而潭亦成陆，今山下有出水之穴，俱从山根分逗云。山顶之石，色赭（zhě）赤而质轻浮，状如蜂房，为浮沫结成者，虽大至合抱，而两指可携，然其质仍坚，真劫灰之余也。

《徐霞客游记·滇游日记九》

作者：［明］徐霞客

咬文嚼字

❶ 篁（huáng）：竹子；竹林。❷ 孑（jié）遗：剩余。

古文今译

当地人说，三十年前，山上都是高大的树木、竹子，遮天蔽日，山中有四座龙潭，深不见底，脚步声传到这里就引得波涛四起，人们都不敢靠近。后来有来牧羊的，一声雷震死了五六百只羊和数个牧羊人，大火烧了好几天，大树、竹林被烧得一干二净，而龙潭也变成了陆地，如今山下有几个出水的洞穴，都是从山脚分引流出的。山顶上的石头呈赭红色，质量很轻，形状像是蜂巢，是当时的浮沫凝结成的，虽然大到合抱，用两根手指仍能提起，不过质地依然坚硬，真的是劫后剩下的灰烬。

知识面面观

火山为什么会喷发？

地球内部本身有大量炽热的岩浆，板块运动等也会形成局部高温，导致岩石熔化产生岩浆囊，它们被岩石层覆盖围压，一般情况下是无法溢出到地球表面的。但当岩浆上升到接近地表时，压力小了很多，岩浆会快速由高压地区向低压地区流动，并不断上拱，一些地壳薄弱的地方就会承受不住，导致岩浆喷涌而出，以致火山喷发。

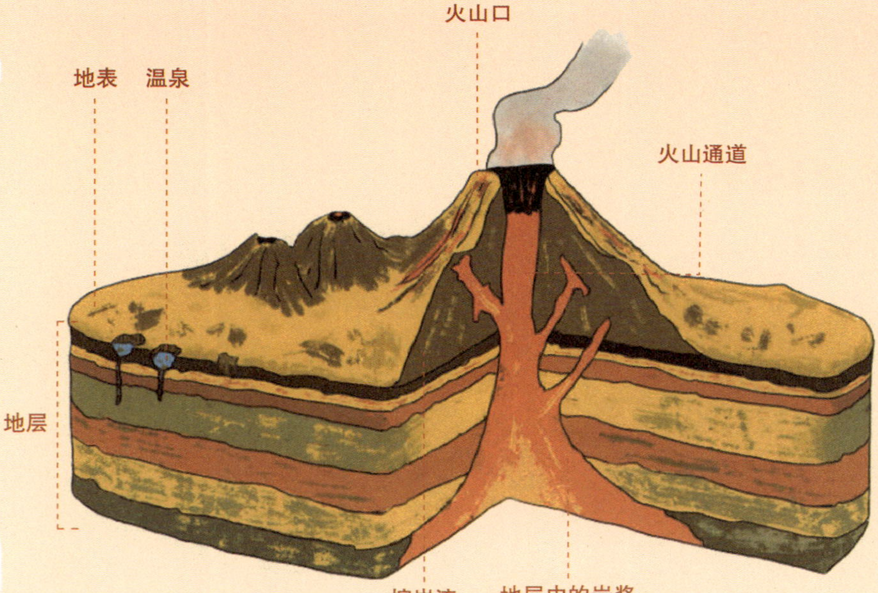

火山喷发示意图

云南游玩要点

景点

- **昆明石林**：位于石林彝（yí）族自治县境内，有石林风景区、长湖风景区等，被联合国教科文组织评为“世界地质公园”。
- **丽江古城**：指大研古城，是丽江的名片。其实，丽江的其他古镇也很值得游览，如束河古镇等。
- **玉龙雪山**：位于云南省丽江市，有冰川公园、蓝月谷等景点。
- **大理古城**：位于云南西部，有城楼、五华楼、洋人街等，是云南古代文化的重要发源地之一。
- **苍山**：位于大理白族自治州中部，有无为寺、苍山崖画等景点。
- **洱海**：位于大理市，是仅次于滇池的云南第二大湖。
- **双廊古镇**：位于洱海的东岸，可通往两个岛，一个是玉几岛，另一个是南诏风情岛。双廊上两岛天然的自然风光是洱海之最。
- **西双版纳**：充满热带景观，少数民族风情十足，有望天树景区、野象谷、傣族园等景点。
- **香格里拉**：位于迪庆藏族自治州，有普达措国家公园、独克宗古城、噶丹松赞林寺、虎跳峡等景点。

美食

云南的美食有过桥米线、气锅鸡、炒三剁、牦牛肉、野生菌火锅、鲜花饼、大理乳扇、饵块等。

小贴士

1 去云南游玩尽量选择自由行，个别不方便的地方可以跟个一日游的旅行团，但一定要仔细甄别。

2 云南处于高原地区，紫外线强烈，一定要做好防晒。

3 去玉龙雪山游玩优先选择大索道，但旺季时门票不太好买，要提前购票；攀登雪山一定要量力而行，有些人会出现高原反应。

跟着古人游中国

跟着谢灵运寻访山水名胜

瑾　言◎主编

应急管理出版社
·北京·

图书在版编目（CIP）数据

跟着谢灵运寻访山水名胜 / 瑾言主编. -- 北京 : 应急管理出版社, 2025. -- （跟着古人游中国）.

ISBN 978-7-5237-0892-7

Ⅰ. K928.9-49

中国国家版本馆 CIP 数据核字第 2024N0U432 号

跟着谢灵运寻访山水名胜

主　　编　瑾　言
责任编辑　郭浩亮
封面设计　彭明军

出版发行　应急管理出版社（北京市朝阳区芍药居 35 号　100029）
电　　话　010-84657898（总编室）　010-84657880（读者服务部）
网　　址　www.cciph.com.cn
印　　刷　天津泰宇印务有限公司
经　　销　全国新华书店

开　　本　710mm×1000mm $^{1}/_{16}$　**印张**　24　**字数**　240 千字
版　　次　2025 年 2 月第 1 版　2025 年 2 月第 1 次印刷
社内编号　20230578　　**定价**　128.00 元（共六册）

前言

中国这片辽阔的大地上，拥有无数的自然景观与人文景观，从连绵起伏的山脉到蜿蜒曲折的河流，从一碧万顷的湖泊到古色古香的亭台楼阁……每一处景观都向我们展示着中华大地深厚的文化底蕴。

古时，文人墨客也会慕名游览名胜景观，并写下一篇篇佳作。那么，在他们的笔下这些景观又呈现出怎样的风貌呢？在我们编写的这套《跟着古人游中国》里，你会得到一些答案。

你可以跟着大旅行家徐霞客漫游华夏大地，欣赏鬼斧神工的“象鼻山”奇景，远眺银装素裹的玉龙雪山；跟随张骞的足迹，在河西走廊欣赏七彩的丹霞地貌，在帕米尔高原对抗凛冽的寒风；也可以一边吟诵谢灵运的优美词句，一边饱览我国的秀丽山水……

除了徐霞客、张骞、谢灵运，我们还请了郑和、沈括和郦道元当“导游”，并通过对他们足迹的记述，将祖国壮美的河山浓缩在笔端，展开一幅幅生动的历史画卷。这套书不仅是一部旅行指南，更是一部文化百科全书。无论你喜欢自然风光，还是对历史文化感兴趣，都能在这套书中找到乐趣。不仅如此，书中的旅游攻略板块还介绍了当地的美景、美食，并附有出行小贴士，为你日后的旅行做准备。

现在，让我们翻开这套《跟着古人游中国》，跟随先贤的脚步来一次跨越时空的旅行吧。

目录

洞天福地麻姑山／30
跟着谢灵运
游浙江
35
东南第一山——雁荡山／36
江南明珠富春江／40
人间仙境仙都山／44
状如仙女的天姥山／48
探寻江心屿／51
道教名山仙岩山／56
石门山中寻山水／60

跟着谢灵运
游山东

谢灵运（385—433），南朝宋诗人。与颜延之齐名，世称“颜谢”。其诗大都描写会稽、永嘉、庐山等地的山水名胜，善以精丽之语刻画自然景物，开文学史上的山水诗一派。代表作有《谢康乐集》。

五岳之首泰山

谢灵运是“山水诗派”的开创者，他虽然满腹才华，仕途却异常坎坷。为了排解心中的烦恼，他常常放浪山水，探奇览胜。这不，他来到了泰山，并写下了著名诗作《泰山吟》。

泰山，又叫岱山、东岳、岱宗，绵延于济南、淄博和泰安三市之间。泰山是五岳之首，有玉皇顶、傲徕峰、桃花峪（yù）、南天门等著名景观。

玉皇顶

玉皇顶是泰山的最高峰，旧称太平顶，又叫天柱峰，因峰顶有玉皇殿而得名。据说从秦始皇开始到清朝时期，共有十几位君王来此处封禅、祭祀呢！可见泰山在古代人的心目中有着崇高的地位。

傲徕峰

傲徕峰又叫芙蓉峰，虽然其高度不及玉皇顶的一半，但是其傲然之势广受人们赞叹。绝壁之下有月亮洞，内有月亮泉，每到冬季，泉水会结成冰柱，就像龙宫冰窟，景观之美令人震撼。

桃花峪

桃花峪位于泰山的西北部，这里基本上听不到喧嚣声，只能听到大自然创造的溪水声、鸟啼声。放眼望去，这里皆是鲜艳的花朵和茂盛的树林。山谷中草药遍地，到处是宝。

南天门

南天门位于十八盘的尽头，是登泰山顶的门户。门侧有对联曰：“门辟九霄仰步三天胜迹，阶崇万级俯临千嶂奇观。”该建筑被红墙点缀，黄色琉璃瓦盖顶，气势雄伟，保持了清代的风格。

原典精选

泰山吟

岱宗❶秀维岳，崔崒❷刺云天。岝崿❸既崄巇，触石辄芊绵❹。登封瘗❺崇坛，降禅藏肃然。石闾何晻蔼，明堂秘灵篇❻。

选自《谢康乐集》

作者：[南朝宋] 谢灵运

咬文嚼字

❶ 岱宗：泰山的别名。❷ 崔崒（zú）：高耸险峻。❸ 岝（zuò）崿（è）：高峻的山石。❹ 芊绵：朦胧，看不清楚的样子。❺ 瘗（yì）：埋藏祭品。❻ 秘灵篇：神灵降下的文书。

古文今译

泰山有着秀丽的山峰，它高峻挺拔，直刺云朵和天空。泰山险峻崎岖，险峰幽深且连绵不绝。登上崇高的祭坛封禅，降神封禅的文书埋藏在肃然山。石间山云雾缭绕，明堂里藏着神灵降下的文书。

知识面面观

泰山是怎样形成的？

约 25 亿年前太古代，泰山上的岩石在岩浆作用下被肢解、重熔，残缺的岩石存在于后来的岩浆岩中。经过长期剥蚀，地面沉降，被海水淹没。一亿多年前中生代晚期，受燕山运动影响，泰山的山体升高，沉积岩被风化侵蚀，露出泰山岩群和岩浆岩，形成泰山雏形，后经地质作用慢慢形成了泰山。

山东游玩要点

景点

泰山： 位于山东省泰安市，号称“五岳之首”，以泰山日出、云海玉盘、晚霞夕照、黄河金带等景观著称。

孔府、孔庙、孔林： 位于山东省曲阜市，是在儒家创始人孔子故居的基础上扩建而成的，规模宏大、庄严肃穆。这里不仅是儒家文化的发源地，也是研究中国古代教育和哲学的重要场所。

趵突泉： 位于山东省济南市历下区，因水质甘美而得到“天下第一泉”的美誉。趵突泉与千佛山、大明湖并称为济南三大名胜。

蓬莱阁： 位于山东省烟台市蓬莱区，因“八仙过海”传说和“海市蜃楼”奇观而闻名四海，自古有“人间仙境”之美誉。世称“江北第一阁”。

美食

山东省的美食以鲁菜为主，是中国八大菜系之一。鲁菜讲究色、香、味、形，以咸鲜为主，兼有酸甜。有德州扒鸡、四喜丸子、把子肉、煎饼、九转大肠、甏肉干饭等传统美食。

小贴士

1. 旅游有旺季和淡季之分，需要提前规划旅行时间和路线，了解天气，预订门票。
2. 提前了解并准备当地的交通方式，如公交和地铁的乘车码。
3. 注意南北方饮食习惯和菜量的差异，合理点餐。

跟着谢灵运

游广东

第七洞天罗浮山

谢灵运喜欢游山玩水，却一直无缘去罗浮山看看。一天夜里，他梦到了茅山，此山正好通过太湖与罗浮山相连，与自己所想的一致。因此，他有感而发，写下了《罗浮山赋》。

罗浮山是广东四大名山之一，这里风景优美，环境清幽，山势雄伟壮观，多山峰、瀑布、泉水等，有“岭南第一山”的美誉。

飞云顶

飞云顶是罗浮山的主峰，略圆且十分平坦，周围被花

草环绕，十分美丽。此外，这里云雾缭绕，向远处眺望，各大山峰隐现于云海之中，让人叹为观止。

黄龙洞瀑布

黄龙洞瀑布是罗浮山的著名瀑布之一，这里地势高险，有狮子、大石楼、孤青等山峰，水流连峰急下，场景蔚为壮观。

洞天奇景

罗浮山最具特色的旅游景观是洞天奇景。全山有大小几百个洞天。这里的洞天不是洞穴，而是由几座山峰和一些古树环抱而成的一片天地。谢灵运诗中的朱明、耀真洞天也位于此呢！这片洞天奇景环境清幽，鸟语花香，人们盛夏时来到这里，听着古树上的蝉鸣，仿佛置身于仙境。

冲虚观

冲虚观是修道之人的落脚地，坐北向南，大门正上方悬挂着“冲虚古观”石牌匾，殿前有会仙桥，观内有灵官殿、三清殿、黄大仙殿、吕祖殿、葛仙殿这五重殿宇和寮房等附属建筑百余间。全观掩映于苍松古柏之间，十分清幽，是罗浮山风光的精华所在。

罗浮山周围有翠绿的山峰和一望无际的森林以及各种人文景观，是休闲度假的好地方。

原典精选

曰：若乃茅公之说，神化是悉。数非亿度，道单悒憰。洞四有九，此惟其七。潜夜引辉，幽境朗日。故曰朱明之阳宫，耀真之阴室，洞穴之宝衢❶，海灵之云术。

选自《罗浮山赋》

作者：[南朝宋] 谢灵运

咬文嚼字

❶ 衢（qú）：通道。

古文今译

赋是这样说的：就像茅公得道一样，从中可知什么是修道神化。命运莫测，在大道中无论忧愁还是欺诈，都是一体的。天下有三十六洞天，罗浮山居第七。深夜中能引入光辉，使得幽深处明亮如白日。罗浮山真是朱明之阳宫，耀真之阴室，是洞天间的宝贵通道，海中仙人的成仙之途。

知识面面观

罗浮山是怎样形成的?

7000 万年前，燕山运动引起了花岗岩侵入和构造断裂活动，形成了东北—西南走向的断裂带，花岗岩被挤压隆起。在长期的上升运动中，花岗岩裸露成为花岗岩穹隆山地。以飞云顶为中心，几百个山峰形成辐射状的网状山地，罗浮山随即拔地而起，经千百年的自然雕琢，形成了广袤的风景区。

广东游玩要点

景点

- **白云山：** 位于广东省广州市白云区，自古就有“羊城第一秀”的美誉，许多历史人物如郑安期、葛洪等在此留下了传奇故事。
- **丹霞山：** 位于广东省韶关市仁化县境内，是以丹霞地貌为主的风景区，也是全国乃至世界丹霞地貌的研究基地。
- **广州塔：** 位于广州市海珠区（艺洲岛）赤岗塔附近，作为广州的标志性建筑，广州塔也被称为“小蛮腰”。站在广州塔的高空观光平台上，游客可以一览广州的繁华夜景。塔内还设有旋转餐厅、玻璃观光桥等设施，为游客提供了多样的旅游体验。

美食

广东省的美食以粤菜为主，是中国八大菜系之一。粤菜讲究原料的新鲜和烹饪的技巧，口味清淡，注重原汁原味。除了肠粉、煲仔饭、水晶虾饺、云吞面、马蹄糕、梅菜扣肉等传统小吃，还有如白切鸡、烧鹅、蒸鱼等经典菜肴。广东的早茶文化也非常有名，各种点心如虾饺、烧卖、蛋挞等，都是游客必尝的美食。

小贴士

1. 旅游旺季时，需提前预订门票。
2. 根据自己的旅行计划，选择合适的交通工具，安排好行程。
3. 广东的气候炎热潮湿，游客应注意防暑降温，多喝水，避免长时间在户外活动。

跟着谢灵运
游江西

风景如画的鄱阳湖

南北朝时期，元嘉九年（432 年）春末，谢灵运在前往临川赴任途中，乘船逆长江而上来到了彭蠡（lǐ）湖，也就是现在的鄱（pó）阳湖。他看到广阔的湖面和美景，发出许多感慨。

鄱阳湖坐落在江西省北部，是我国第一大淡水湖。它由多条河流汇聚而成，包括赣（gàn）江、修河、信江、抚河等，最终注入长江，对调节长江水位起着重要的作用。此外，这里沼泽星罗棋布，水草繁茂，也是候鸟理想的栖息地。

美不胜收的湖景

站在鄱阳湖岸边，映入眼帘的是美丽的湖光山色。每到清晨，湖面雾气缭绕，渔船若隐若现，依稀能看到远处的山峦。白天，湖面波光粼粼；傍晚时分，夕阳西下，平静的湖面仿佛披上了一层金黄色的薄纱，美得令人心醉。如此盛景，怪不得谢灵运流连忘返呢！

青山洞

青山洞位于鄱阳湖的北部，是一处溶洞景点，洞内的石钟乳、石柱、石笋等景观，吸引了大批游客前来观赏。

松门山岛

松门山岛又叫松门山，是鄱阳湖的水中沙山。它与吉山毗邻并东西相连，将湖分成了南北两部分。松门岛环境幽美，岛上的居民多以捕鱼为业，仿佛生活在世外桃源。

候鸟的天堂

每到冬季，鄱阳湖就成了各种鸟类的栖息地，更是候鸟栖息的乐园。这个时候，成群的候鸟来到鄱阳湖栖息过冬，其中还有很多国家级保护鸟类，如白鹤、白头鹤、白琵鹭等。它们或嬉戏，或觅食，或喝水，或突然展翅高飞，场面十分壮观。

鄱阳湖烟波浩渺、水草丰美，是值得一去的地方。

原典精选

入彭蠡湖口（节选）

【南朝宋】谢灵运

客[1]游倦水宿[2]，风潮难具论。洲岛骤[3]回合，圻岸[4]屡崩奔[5]。乘月听哀狖（yòu），浥[6]露馥[7]芳荪（sūn）。春晚绿野秀，岩高白云屯[8]。千念集日夜，万感盈朝昏[9]。攀崖照石镜，牵叶入松门。三江事多往，九派理空存。灵物郄珍怪，异人[10]秘[11]精魂[12]。

咬文嚼字

❶客：指谢灵运。❷水宿：居住在水中的船上，这里指如水中漂泊般的游宦生活。❸骤：急速。❹圻（qí）岸：曲岸。❺崩奔：塌陷奔腾。❻浥（yì）：湿。❼馥（fù）：香气浓郁。❽屯：集聚。❾盈朝昏：日夜都填满心头。❿异人：仙人。⓫秘：隐藏。⓬精魂：精神魂魄。

古文今译

我早已厌倦了如水中漂泊般的游宦生活，只因风潮变幻莫测，凶险难测。波涛遇到洲岛就会急转猛合，冲撞到曲岸就会迸出层层浪花。在月光下听两岸猿猴发出的哀鸣，露水浸湿了岸边的香草。春末的原野还有秀丽的绿色，高高的岩石上还聚集着朵朵白云。整日思绪万千，万种想法填满心头。攀登悬崖，登上了石镜山，牵萝扳叶来到松门山顶。大禹治理三江的故事已成为往事，长江分成九派的道理也难以研究明白。湖中灵怪珍惜其珍怪之相，仙人隐藏其精神魂魄。

知识面面观

鄱阳湖是怎样形成的？

很久以前，鄱阳湖所在之处是一个沉陷的盆地，这个盆地由南向北倾斜，经过长期侵蚀、堆积成湖，古称彭蠡湖。后来经过漫长的演变，在地质、水文、气象等多种因素的作用下，鄱阳湖向南发展，逐渐形成了如今的形状。

鄱阳湖流域地形南高北低，以山地、丘陵、盆地和谷地为主，东、西、南三面被群山环抱，中部的河谷平原和丘陵交错分布，形成一个整体向鄱阳湖倾斜而往北开口的巨大盆地。

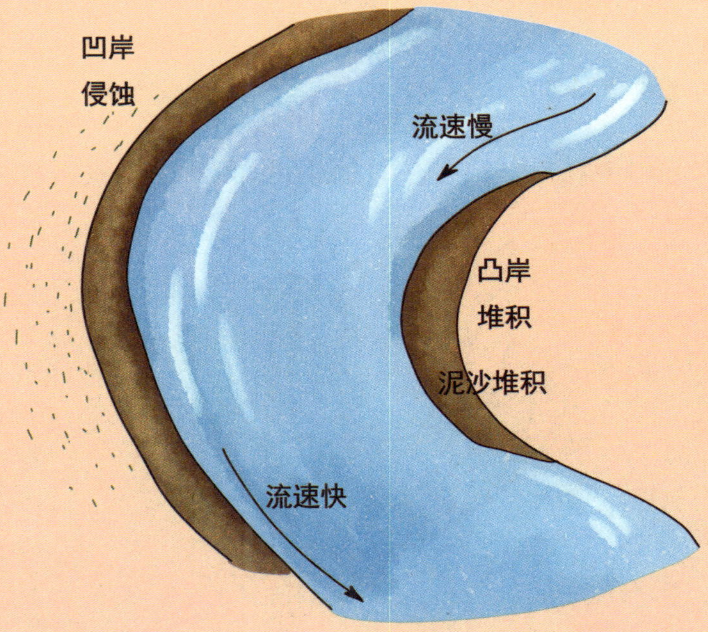

鄱阳湖形成示意图

五岭之大庾岭

南北朝时期，元嘉十年（433 年），谢灵运被流放到岭南（今广东）一带，途经大庾（yú）岭时，这里险峻的山岭、奔腾的河水，给他留下了深刻的印象。

大庾岭位于江西省大余县和广东省南雄市交界处。据说，汉武帝时期，有位姓庾的将军在此地筑城，因此得名大庾岭。每到梅花盛开的季节，这里芳香四溢，景色蔚为壮观，因此又被称作“梅岭”。

狮子峰

狮子峰位于江西省南昌市西郊梅岭风景区西北处，山形

犹如蹲坐的狮子，因此得名。狮子峰十分险峻，登上峰顶举目远眺，远处的山、山底的村庄和田野以及广袤的湖泊尽收眼底，给人一种“无限风光在险峰”的感受。

洗药湖

洗药湖位于江西省南昌市梅岭主峰罗汉岭上，是一处冰积湖。据说明代医师李时珍曾带弟子在此处采药、洗药，因此而得名。这里四季常青，气候宜人，春季能看到红如烈火的杜鹃花，秋天则能品尝野果琼浆。

月亮湾

月亮湾位于江西省南昌市梅岭景区，这里山清水秀，有潺（chán）潺的泉水、壮观的瀑布、茶园、竹海以及仿照清朝雍正时期重修的古驿道。在这里，春季可踏青赏花，夏季可沿溪纳凉，秋季可登高望远，冬季可踏雪寻梅，是休闲度假的好去处。

明清古民居博览园

明清古民居博览园内修建了多栋代表晚清文化、庐陵文化、赣南客家围屋的古建筑群，如远和堂、示介第、天问府、化民府、翰林府、荣华第、富贵第、大夫第、国学堂、梅岭书院等，具有较高的艺术价值和历史价值。

原典精选

若乃长山款跨❶，外内乖隔，下无伏流❷，上无夷迹。麇❸兔望冈而旋归，鸿雁睹峰而反翮（hé）。既陟麓❹而践坂❺，遂升降于山畔。顾后路之倾巘❻，眺前磴之绝岸。看朝云之抱岫❼，听夕流之注涧。罗石棋布，怪谲❽横越❾。非山非阜，如楼如阙。斑采❿类绣，明白若月。萝蔓⓫绝攀，苔衣流滑。

选自《岭表赋》

作者：[南朝宋] 谢灵运

咬文嚼字

❶款跨：雄伟高大。❷伏流：在地底流淌的水。❸麇（jūn）：獐子。❹陟麓（lù）：从山脚往上攀登。❺践坂：踏上山坡。❻倾巘（yǎn）：山峰倾斜。❼抱岫（xiù）：围绕着峰峦。❽怪谲（jué）：怪异奇特。❾横越：杂乱交错。❿斑采：彩色的斑纹。⓫萝蔓：蔓生地衣类植物。

古文今译

大庾岭高峻挺拔，将内外的事物阻隔起来，下面没有在地底流淌的水，上面没有平直的路，獐子和兔子看到山冈转身就往回跑，鸿雁看到山峰挥动翅膀就往回飞。从山脚往上攀登踏上山坡后，又往下走到山边。回头看后边的倾斜山峰，眺望前面的陡峭石阶。看朝云抱着峰峦，听溪流从高处流向涧溪。岩石像棋子一样散布，怪异奇特，杂乱交错。不是高山也不是丘陵，像楼阁也像城楼。彩色的斑纹就像绣布，皎洁白净似月亮。蔓生地衣类植物攀附在绝壁上，青苔在浅水上轻轻滑过。

知识面面观

张九龄开凿梅岭驿道

唐开元四年（716年），一代名相张九龄告病返乡时经过秦朝时开凿的梅岭古道，得知人们深受崎岖狭窄的山道之苦，于是请求唐玄宗开凿大庾岭路，改善南北交通环境，没想到玄宗把这项任务交给了他。

张九龄接到任务后，亲自勘察路况，设计了一条能避开险峻的北岭，从南坡平缓的地方过岭的道路，并且这条路能并行五辆马车。此路历时三年完成，张九龄此举造福了一方百姓。

梅岭驿道

庐山之秀甲天下

庐山又叫匡山、匡庐，位于江西省九江市的南面，自古以来，就集各种奇特的景观于一体，有“匡庐奇秀甲天下”的美誉。谢灵运攀登庐山时，结识了慧远大师，他们一起站在庐山最高峰远眺时，对那里的景色赞叹不已。

五老峰

五老峰位于庐山的东南麓，这五座山峰并列一排，就像五位席地而坐的老人，因此得名。从不同的角度观看，五老峰的姿势各有不同，有的像在钓鱼，有的像在吟诵，有的像在唱歌，有的像在打坐，非常神奇。

龙首崖

龙首崖位于庐山，是一座陡峭的悬崖。如果从悬崖左边的石亭中观看，龙首崖悬壁峭立，一块巨岩横亘其上，就像神龙抬起头傲视远方。龙首崖下面有几棵虬（qiú）松，它们的根须扎于石缝中，宛如神龙的龙须，风一吹，仿佛龙须在飞舞。

三叠泉

三叠泉被誉为“庐山第一奇观”，由大月山、五老峰的涧水汇合而成，从上而下共经过三级盘石，形成三叠，因此得名。季节不同，三叠泉泻下的水量也不同：暮春初夏时分，飞瀑如狂奔的骏马；仲夏严冬，如丝的水帘轻盈柔美，又是一番截然不同的美景。

庐山景色壮观，每一次登临，都会让人感觉进入了一幅恢宏壮丽的山水画卷。

原典精选

登庐山绝顶望诸峤[1]

【南朝宋】谢灵运

山行非前期[2]，弥远不能辍[3]。但[4]欲掩昏旦[5]，遂复经盈缺[6]。扪壁[7]窥龙池[8]，攀枝瞰[9]乳穴[10]。积峡[11]忽复启[12]，平途[13]俄[14]已闭。峦[15]陇有合沓[16]，往来无踪辙[17]。昼夜蔽日月[18]，冬夏共霜雪。

咬文嚼字

❶ 诸峤（qiáo）：群山。❷ 非前期：不是之前预想的那样。❸ 辍（chuò）：停止。❹ 但：只。❺ 昏旦：黄昏和早晨，指一天。❻ 盈缺：月亮从圆到缺，指一个月。❼ 扪（mén）壁：扶着石壁。❽ 龙池：深潭。❾ 瞰：从上往下看。❿ 乳穴：钟乳石山洞。⓫ 积峡：重叠而狭窄的山谷。⓬ 启：敞开。⓭ 平途：平坦的路。⓮ 俄：不久，一会儿。⓯ 峦：小而尖的山。⓰ 合沓：交错在一起。⓱ 辙：车的痕迹。⓲ 蔽日月：指高山密林遮住了日月。

古文今译

庐山之行不像预想的那样，路途很遥远，不知道要花费多少时间才能游览完毕，但我没有停止前行的脚步。以致只想停留一日，却经历了一个月。扶着石壁窥看深潭，攀着树向下看钟乳石山洞。狭窄的山谷忽然就打开了，平坦的路一会儿就断绝了。层层叠叠的山峦交错在一起，看不到人的踪迹和车的痕迹。高山密林遮住了日月，分不清白天黑夜，冬夏共同经历霜雪。

知识面面观

庐山地形是怎样形成的?

侏罗纪至古近纪时期，大陆地壳处于剧烈的伸展状态，此时陆壳重熔型花岗岩侵入，在水平力与垂直力的作用下，庐山不断上升，处于盆岭构造发展阶段。大约在喜马拉雅运动晚期，庐山便形成了今天的断块山形态。

进入更新世后，庐山所在地又出现了第四纪冰川活动，在第四纪冰川侵蚀的作用下，庐山出现了许多冰斗、“U”形谷、角峰等冰蚀地貌景观。

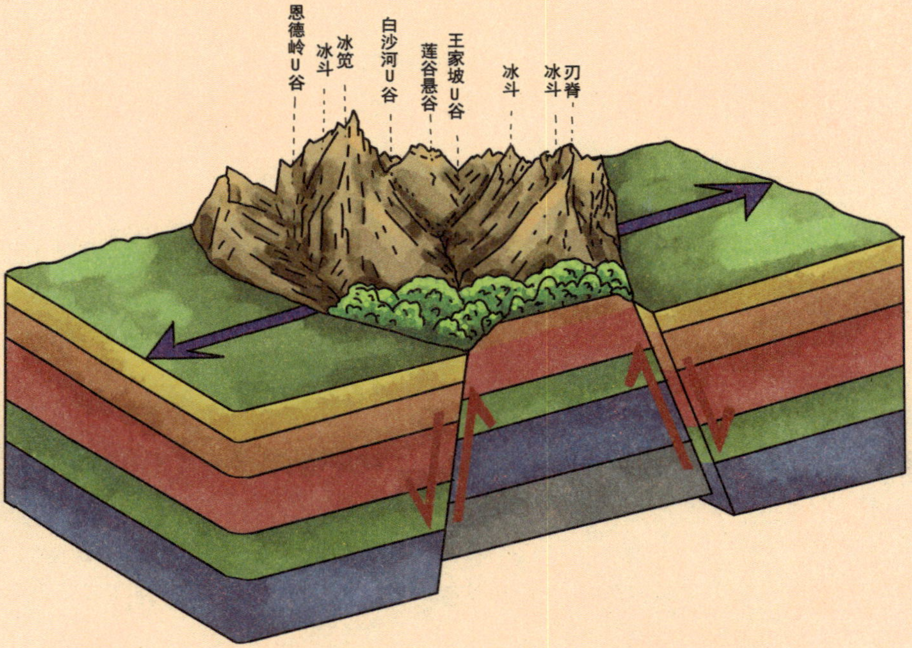

庐山形成示意图

洞天福地麻姑山

南北朝时期，元嘉九年（432 年），谢灵运来到了麻姑山。在这里，他游览了华子冈等景观。

麻姑山的山顶有个古坛，据说女仙麻姑在此得道成仙，因此吸引了众多游客。古坛的东南部既有池又有瀑布，西北方就是谢灵运诗中的麻源第三谷。

麻姑山

麻姑山位于抚州市南城县，这里有气势雄伟的山峰、美丽的醉仙湖、城水相依的太平湖，还有令人叹为观止的丹霞地貌和千古流芳的鲁公碑，以及历史遗迹麻姑庙、麻姑雕像等。

丹霞洞

麻姑山中有一洞，叫丹霞洞。此洞深不见底，洞顶透天，洞外有涓涓的溪水。在朝阳的映照下，洞内金光闪烁，营造出一种洞外有洞、洞内有天的景象，是麻姑山奇观之一。

麻源第三谷

麻源第三谷坐落在麻姑山下，这里有多处天然奇观，如老人峰、绣球石、合掌岩、龟峰、灵谷山、原山、铜山、卷石岩等。除此之外，这里还建设了水上乐园、钓鱼台等。景区内还有一处水库——麻源水库，库区内有三个湖心岛。麻源三谷被青山绿水环抱，是人们观赏游玩的好去处。

麻姑山被誉为“洞天福地，人间仙境”，不仅景色优美，而且具有深厚的历史文化底蕴。

原典精选

入华子冈是麻源第三谷（节选）

【南朝宋】谢灵运

南州实炎德，桂树凌[1]寒山。铜陵[2]映碧涧，石磴[3]泻红泉。既枉[4]隐沦客，亦栖肥遁贤。险径无测度，天路非术[5]阡[6]。遂登群峰首[7]，邈若[8]升云烟。羽人[9]绝仿佛[10]，丹丘[11]徒空筌[12]。图牒复摩灭，碑版谁闻传。

咬文嚼字

❶凌：覆盖。❷铜陵：此处指铜山。❸磴：石阶。❹枉：绕道暂游。❺术：城镇街道。❻阡：田间小路。❼群峰首：指最高峰华子冈。❽邈若：高远的样子。❾羽人：仙人。❿绝仿佛：连模糊的痕迹都没有了。⓫丹丘：山名，据说有仙人在此居住。⓬筌（quán）：捕鱼用的竹器。

古文今译

南方的气候的确炎热，桂树覆盖了充满寒气的山坡。铜山倒映在碧绿的涧水中，石阶上流淌着红色的山泉。既有绕道暂游的人，又有结庐久居的人。山路陡峭险峻无法测量，是高耸入云的天路，不是乡间那样平直的小路。终于登上了群峰中最高的山峰，云雾缭绕高远。仙人模糊的踪迹都没有了，丹丘只剩下捕鱼用的竹器。图谱都磨损毁坏了，刻有文字的石块谁能为其传说呢。

知识面面观

什么是洞天福地?

麻姑山景区内分布着道教的洞天福地。那么,什么是洞天福地呢?其实这是道教对神仙居住胜境的一种称呼。洞天福地多以名山为主景,或兼有山水林木。据传,道士在这些地方修炼或登山请乞,可以得道成仙。所谓洞天,就是山中有洞室能通达上天、贯通各山的意思。道教共有三十六小洞天、七十二福地,分布在全国各地。其中麻姑山是三十六洞天中的第二十八洞,属于麻姑山区的丹霞山则为七十二福地的第十福地,是唯一一座既有洞天又有福地的名山。

洞天福地

江西游玩要点

景点

- **井冈山：** 位于江西省吉安市，有小井龙潭、黎坪飞龙洞、五指峰等著名景点，还建有井冈山会师纪念碑、井冈山革命博物馆等，是全国著名的革命根据地。
- **三清山：** 位于玉山县与德兴市之间，这里瀑布、碧潭、清泉应有尽有，主要山峰有玉京峰、蓬莱三峰、天柱峰等。
- **滕王阁：** 位于南昌市，是该地的标志性建筑，与湖南的岳阳楼、湖北的黄鹤楼并称为“江南三大名楼”。
- **仙女湖：** 位于新余市，除了自然风光，这里还开发了多个旅游景点，如洪阳洞、龙王庙、花园山庄、白鹭山庄等。
- **瑞金革命遗址：** 位于瑞金市，包括沙洲坝、叶坪等地的旧址和纪念建筑物，共15处。

美食

江西的美食有南昌瓦罐汤、三杯鸡、南昌米粉、南昌白糖糕、南昌拌粉、永和豆腐、赣南艾米果、井冈山烟笋炒肉、庐山石鸡、上饶鸡腿等。

小贴士

1. 旅游旺季时，提前预订门票。
2. 根据自己的旅游计划，选择合适的交通工具，安排好行程。
3. 江西省四季分明，夏季应准备凉爽的衣物，注意防晒，冬季应准备保暖的衣物。

跟着谢灵运
游浙江

东南第一山——雁荡山

南北朝时期，景平元年（423 年）秋天，谢灵运去别处拜访亲戚朋友，在返回的路上被斤竹涧的美景吸引。

斤竹涧是雁荡山的一处景点。雁荡山素有“寰中绝胜”之誉，古时为我国“东南第一山”。山中还有大龙湫（qiū）、羊角洞、仙桥、三折瀑等景点，美不胜收。

大龙湫

大龙湫古称西内谷，当年谢灵运就曾来到这里。大龙湫和灵峰、灵岩合称为“二灵一龙”，又被称为“雁荡三绝”，大龙湫则被认为在这三绝中独占鳌头。南宋大臣、文学家楼钥就有诗云：“北上太行东禹穴，雁荡山中最奇绝。龙湫一派天下无，万众赞扬同一舌。”可见，大龙湫早在宋代便声名远扬。在这里，能看到撼天动地的大龙湫瀑布、参差相叠的大小峰头、岩壁陡峭的经行峡、岭背呈“凹”字形的马鞍岭等景色，让人流连忘返。

羊角洞

雁荡山的羊角洞是富有盛名的道教洞府。洞里建有玉蟾宫，主殿是木制四檐结构，左侧有藏经楼和方丈楼。洞内的岩壁上凿有石窟，石窟内雕刻的七尊神佛，仪态端庄，容貌各异，吸引了不少游客。

仙　桥

仙桥位于雁荡山最北端，据说是仙人王子晋骑鹤飞仙之地。正因如此，这里许多景点与“仙”有关，如仙桥、仙亭、仙人洞、仙亭山等。如此秀山丽水，又透露着一股仙气，怎能不令人向往呢！

三折瀑

三折瀑位于雁荡山景区内，因同一水瀑三越重岩云崖，飞流直下而得名，有上、中、下三个姿态各异的飞瀑。在雁荡山的众多瀑布中，三折瀑最为奇异，其中贯穿葫芦谷的中折瀑尤为突出，被人们称为“雁山第一胜景”。

雁荡山就像一部歌颂自然的史诗，它将美丽的山水和古人的智慧结合在一起，每处景观都散发着独特的魅力。

原典精选

从斤竹涧越岭溪行（节选）

【南朝宋】谢灵运

猿鸣诚知曙，谷幽光未显。岩下云方合，花上露犹泫。逶迤[1]傍隈（wēi）隩（yù），迢递陟[2]陉[3]岘[4]。过涧既厉急[5]，登栈[6]亦陵缅[7]。川渚屡径复，乘流玩回转。苹萍泛沉深，菰（gū）蒲冒清浅[8]。企石挹（yì）飞泉，攀林摘叶卷。想见山阿人，薜（bì）萝若在眼。

咬文嚼字

❶ 逶迤：弯弯曲曲、高低不平的山路。❷ 陟（zhì）：登，上。❸ 陉：山岭中断。❹ 岘（xiàn）：小而险峻的山。❺ 厉急：蹚过急流。❻ 登栈：爬上栈道。❼ 陵缅：凌空面对幽深的山谷。❽ 冒清浅：有枝叶从清浅的水泽中伸出来。

古文今译

听到猿的声音，才知道天已经亮了，幽深的山谷中光亮无法显现。云气刚刚在高峻的岩石下聚合，花上的露珠依然晶莹欲滴。经过弯弯曲曲的山路，登上漫长的山道，见到山岭中断了。蹚过涧中的河流，登上栈道，凌空面对幽深的山谷。溪谷沙洲时曲时直，乘坐的小船在水中不断回转。蘋萍在深潭里漂浮，菰蒲在清浅的沼泽中荡漾。站在石头上踮起脚捧泉水，攀着树木采摘鲜嫩的新叶。想起山中隐居的人，仿佛把薜荔、女萝披戴在身上在我眼前一样。

知识面面观

雁荡山是如何形成的？

雁荡山大约形成于1.2亿年前，可以说它是一座典型的白垩纪流纹质破火山。当时，太平洋板块向亚欧板块俯冲而来，二者挤压和摩擦产生的热能使上地壳和下地壳部分融化，形成岩浆，并顺着断裂层上升喷发。在这样剧烈的火山运动下，这里喷发出巨大的火山岩，并且以单一流纹质岩浆爆发为特色，从而造就了雁荡山奇特的地貌景观。

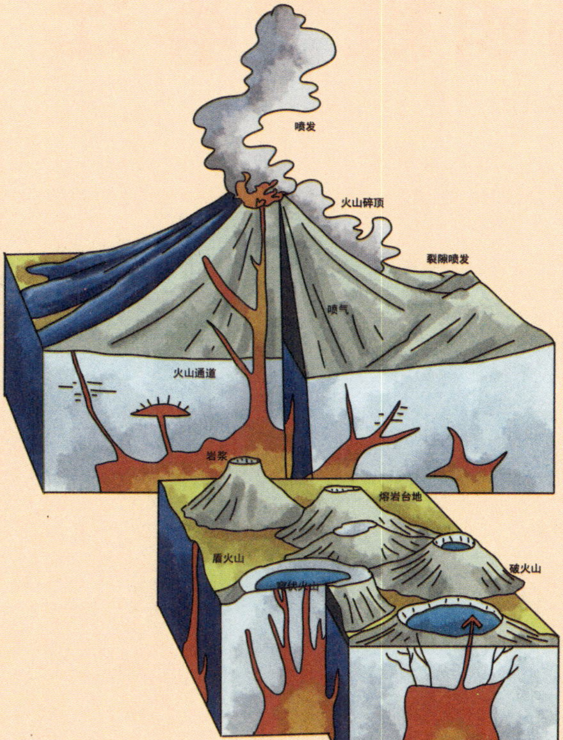

雁荡山形成示意图

江南明珠富春江

南北朝时期，永初三年（422年）秋天，谢灵运在始宁墅度过了一段时间，便乘船前往永嘉。途经富春江时，他看到如画的美景，发出很多感慨，同时也产生了归隐山林的想法。

富春江两岸的山色青翠秀丽，江水碧绿，自古以水色佳美闻名于世。这里不仅有七里泷、江中沙洲、万鱼跃坝等景观，还有著名古迹春江第一楼呢！

七里泷

七里泷是富春江上一处著名的景点，古时称“七里濑”，沿途名胜古迹众多，如乌龙峡、子胥峡、七里扬帆、严子陵钓台等，具备深厚的文化底蕴。这里的自然风光就像一幅淡雅的画，古迹中又包含了各种文化，有山青、水清、史悠、境幽的美誉。

葫芦飞瀑

葫芦飞瀑是七里泷沿岸的一处风景，水流从陡峭的山壁上直泻而下，壁间有一个形似葫芦的石窟，因此得名。葫芦瀑布每次直注深潭，都会溅起层层白雾雨花，那场面壮观极了。

春江第一楼

春江第一楼坐落在富春江畔，此楼原本有三层，后经战火袭击，重建后只剩两层。楼前正中间悬挂着书法家沙孟海题的“春江第一楼”匾额，楼后有石窟，洞中的水清澈见底，水里还有嬉戏的鱼儿。登上春江第一楼观赏江景，重峦叠翠，碧野倾江，极具诗情画意。

万鱼跃坝

富春江电站建成后，每年的5—7月，经常可以看见数以万计的各色鱼类逆流而上，这便是“万鱼跃坝”的奇观。泄洪时，泄洪孔齐开，就像一条条蛟龙腾空而下，巨浪滔滔，吼声如雷，雄奇壮观。

富春江两岸山清水秀，四周还有很多具有地方特色的村落和集镇，使这条美丽的山水画廊更具魅力。

原典精选

富春渚（节选）

【南朝宋】谢灵运

宵济❶渔浦潭，旦及❷富春郭。定山缅云雾❸，赤亭无淹薄❹。溯流❺触❻惊急，临圻❼阻参错。亮乏伯昏分❽，险过吕梁壑（hè）。洊至❾宜便习，兼山贵止托❿。平生协幽期，沦踬（zhì）困微弱。久露干禄请，始果远游诺。

咬文嚼字

❶宵济：夜渡。❷旦及：早晨到达。❸缅云雾：矗立在缥缈的云雾中。❹淹薄：停靠。❺溯流：逆流而上。❻触：冲击。❼临圻：靠近崖岸。❽伯昏分：像伯昏无人那样的胆气。伯昏无人，春秋时郑国人，胆气过人。❾洊（jiàn）至：再至，多次经历。❿贵止托：以止托为贵，即重视个人所处的环境，动静合宜。

古文今译

夜里渡过渔浦潭，第二天早晨到达富阳城。定山矗立在缥缈的云雾中，在赤亭也没有停下来游览。逆流而上冲击急流，靠近崖岸被参差交错的礁岩阻住了行程。确实缺乏像伯昏无人那样的胆量，冒险闯过像吕梁山谷一样湍急的河流。经历了多次应该习惯了，两山相重正好能够托身安命。平生的志向就是隐居于世，只因意志萎靡而陷于沉沦困顿。长久地追求官禄，才得以实现远游的诺言。

知识面面观

富春江景区

新安江和富春江位于钱塘江的上游，新安江发源于安徽省休宁县，途经淳安县，流到建德市，后向东流经桐庐县而入富阳区，即富春江。后来河流继续往东流到萧山区的闻家堰，这就是钱塘江了。富春江上起淳安县，下至富阳区，组成了著名的富春江风景区。景区两岸山色秀丽，江水清澈，山水之间广布名胜古迹，是我国南方著名的旅游胜地。

人间仙境仙都山

谢灵运一生多在浙江一带游历山水，因此看过许多当地的美景，仙都山就是其中一处。

仙都山，古称缙（jìn）云山，位于浙江省缙云县内，是一处融田园风光、人文史迹为一体的国家级风景名胜区。景区内有九曲练溪、十里画廊，山水之姿美不胜收，让游客流连忘返。

鼎湖峰

鼎湖峰是仙都山风景名胜区中极具盛名的景点，堪称“天下第一峰”。传说轩辕黄帝在此处铸鼎炼丹，这个鼎奇重无比，将山峰压出凹形，下雨积水形成湖，即为鼎湖。轩辕黄帝飞升成仙后，这里被称为鼎湖峰。

童子峰

鼎湖峰旁边有一个小石峰，它的峰顶尖尖的，就像刚出土的小笋，故称小石笋。鼎湖峰的半山腰有一个圆洞，就像人的肚脐，小石峰刚好与“肚脐”平齐，就像依偎在母亲身边的小儿，所以又叫童子峰。

超然亭

古人在缙云山的一条小溪边建了一座四角单檐攒尖顶亭，是一个木质结构、红柱青瓦的亭子，这就是超然亭。站在亭中，向东远眺能看到马鞍山的日出，向南可观赏鼎湖峰的雄姿，向北能看到天师洞。

倪翁洞

倪翁洞位于鼎湖峰西练溪边初阳山上，据说老子的学生计倪曾在此隐居，因此得名。可别小看这个洞穴，它可是仙都山风景名胜区内摩崖石刻最集中的地方，走进洞中能看到唐、宋、元、明、清以及现代文人的摩崖石刻，现在已经被列为国家重点文物保护单位。

晦翁阁

晦翁阁位于仙都山风景名胜区内，是一处岩洞内人工修建而成的木制半边亭阁，两亭角飞翘于洞窟之外。晦翁阁高达几十米，南北延伸数百米，古树遮天，古洞幽趣，是仙都山寻幽探胜的好去处。

仙都山将自然、人文景观完美地融合在一起，山、水、洞、亭众多，有着“桂林之秀、黄山之奇、华山之险”的赞誉。

原典精选

东阳郡：缙云山

凡此诸山多龙须草❶，以为攀龙而坠，化为此草。又有孤石，从地特起，高三百丈，以临水，绵连数千峰，或如莲花，或似羊角之状。

选自《游名山志》残本

作者：[南朝宋] 谢灵运

咬文嚼字

❶ 龙须草：又叫龙修、龙刍，叶子较长，茎能织席。

古文今译

缙云山上多龙须草，据说是龙须断了，坠落地上，化为龙须草。缙云山旁又有孤石，从地上凸起，高三百丈，临水，绵延有数千座山峰，有的像莲花，有的像羊角。

知识面面观

鼎湖峰的成因

鼎湖峰的形成过程，与白垩纪火山喷发有关。首先，鼎湖峰的形成过程经历了亿万年的地质变化，其岩石经历了断裂或节理，为后续的地质作用提供了条件。随后，由于流水的侵蚀和风化的剥蚀，岩层渐渐被侵蚀成了柱状，形成了现今的鼎湖峰的形态。这一过程不仅造就了鼎湖峰独特的自然景观，也使它成为缙云火山岩地貌的精华所在。

状如仙女的天姥山

当年谢灵运在剡（shàn）中探幽寻秘，发现了带有神秘色彩的天姥（mǔ）山，可惜他描述此山的游记《天姥山》已经失传，我们无从得知晋宋时期天姥山的样貌，不过，如今的天姥山也是一个旅游的好去处。

天姥山形似女子，所以古人将它想象成天上的仙人西王母，因此得名天姥山。它也是中国古代文人向往的文化名山。

天姥古道

天姥古道与谢灵运的关系可大着呢！据史料记载，谢灵运曾带领乡人前往天姥山伐木开路，经过会墅岭时，开辟出一条古驿道，被称为“谢公古道”。这条古道上有古井、古桥等多处历史文化遗存。登上会墅岭，游客能看到主峰拨云尖的壮丽景色，而古道也成为游客亲近自然、领略历史文化的重要地点。

天姥寺

天姥寺位于新昌县境内，由唐末高僧德韶建造而成，一开始叫天姥院，后经过几次改名才定为天姥寺。天姥寺内有几块残碑，刻有李白写的《李白梦游天姥处》一诗。天姥寺顶有重叠起伏的山峰，因为神似盛开的莲花，故称莲花峰，而且寺院的前面有一条小溪，溪上架着一座“梦游桥”。

天姥龙潭

从儒岙（ào）镇庄山村进去，走一段路后，会看到两岸危崖耸立，树林茂密，瀑潭相叠，瀑多而奇。其中最特别的两个潭是“哒粥潭”和“跌落水”。经过千百年的冲刷，山涧中怪石嶙峋，水流穿过，汹涌而泻，就像万马奔腾，非常壮观。

原典精选

天姥山上有枫千余丈[1]，萧萧然[2]。

选自《游名山志》残本

作者：[南朝宋] 谢灵运

咬文嚼字

❶ 千余丈：当为“十余丈”之误。❷ 萧萧然：风吹摇晃的样子。

古文今译

天姥山上有枫树十余丈，风吹摇晃不已。

知识面面观

天姥山是怎样形成的？

我国东南沿海在早白垩世形成了断陷盆地，经历陆相沉积和火山堆积，在外力和构造变动的作用下，天姥山雏形出现了。天姥山又在长期的地质演变中，经历了地壳断裂隆起、火山喷发、冰川运动和海侵、海退等活动，才变成了如今的样子。

探寻江心屿

南北朝时期，景平元年（423 年），谢灵运在永嘉任职，他一边处理公务，一边探寻永嘉的新奇风景。谢灵运沿着永嘉江北上时，发现了一个仙境般的孤屿，这让他欣喜若狂。

谢灵运《登江中孤屿》一诗中的“江”指的就是现在的瓯（ōu）江，“孤屿”就是现在的江心屿。江心屿一年四季景色分明，春季烟雨如丝，夏季树木荫蔽，秋季天高云淡，冬季白雪皑（ái）皑，是著名的旅游胜地，有“瓯江蓬莱”之称。

江心寺

江心寺因位于江心屿中而得名。寺院分前、中、后三殿，中殿为正殿，最为壮观，殿内供奉有释迦牟尼塑像。寺的大门两边是宋朝诗人王十朋撰写的叠字联：“云朝朝朝朝朝朝朝散，潮长长长长长长长消。”

东、西塔

东、西塔饱受战火的摧残，曾多次修缮。在过去，东塔内建有通向塔顶的扶梯，后被拆除，只留下中空无顶的

塔身。西塔直入云端，仿佛被西峰山托举而上，蔚为壮观。来到江心屿，总要来东、西塔看看。

凌云桥

凌云桥跨湖而建，站在桥上能看到高耸入云的东、西塔，俯视湖面还能看到碧波荡漾、石蛙待跃和东、西塔的倒影，在此处欣赏美景，总能让人心旷神怡。

澄鲜阁

澄鲜阁位于西塔的南面，是一座两层三间木结构的阁楼，原名为水陆阁，后取谢灵运《登江中孤屿》一诗中“空水共澄鲜”中的“澄鲜”二字来命名。澄鲜阁周围绿树环绕，

环境幽美，静谧清新，是历代文人墨客钟爱的一处风景名胜。

浩然楼

浩然楼是江心屿内的一处木结构建筑。相传盛唐诗人孟浩然曾来到江心屿游玩，人们为纪念他而建造此楼，并命名为浩然楼。登上楼顶向远处眺望，瓯江上的帆船络绎不绝，远处的翠山层层叠叠，令人心旷神怡。

江心屿每年不同时节、不同地点，都有着奇特的景观。这里水波荡漾，绿树成荫，周围古建筑众多，漫步在此，就像徜徉在一幅宁静优美的画卷中。

原典精选

登江中孤屿

【南朝宋】谢灵运

江南倦历览[1]，江北旷周旋[2]。怀新道转迥[3]，寻异景不延。乱流[4]趋正绝，孤屿媚中川。云日相辉映，空水共澄鲜[5]。表灵[6]物莫赏，蕴真谁为传。想像昆山姿，缅邈[7]区中缘[8]。始信安期术[9]，得尽养生年[10]。

咬文嚼字

❶倦历览：因游览了很多次而感到厌倦。❷旷周旋：很久没有去游览了。❸迥（jiǒng）：迂回。❹乱流：舟船横截江水。❺澄鲜：澄澈鲜亮。❻表灵：显露一片灵秀之气。❼缅邈：缅怀。❽区中缘：尘缘。❾安期术：秦朝仙人安期生的道术。❿尽养生年：过完天年，自然终老。

古文今译

江南的景色（我）因游览了多次而感到厌倦，很久没有去江北游览了。寻求新景色的道路十分迂回，探访景观的时间无法延长。乘坐的小船截流横渡，江中孤岛的景色秀丽。白云红日交相辉映，天空和水一样澄澈鲜亮。显露出的灵气没有人欣赏，隐藏起来的仙人谁来替他们传扬呢？想象昆仑山仙人的英姿，感觉离人世间更加遥远了。开始顿悟安期生的长生之术，居住在这里就能颐养天年、自然终老。

知识面面观

江心屿的前世今生

传说在很久以前，江心屿所在地有两个对峙的山峰，位于两个小岛上，两岛之间是深不可测的龙潭。后来有个名叫清了的和尚来到此处讲经，往来人员络绎不绝。东海龙王见前来听经的人太多，就施法移动山峰，将中间的深潭填满，于是原本对峙的山峰便合二为一了。其实，江心屿原来确实是山峰，后来由于地壳运动，陷落部分成为河床，隆起的部分就形成了江心屿。再后来，当地政府为了疏浚河道，抛石拦沙，使得江心屿的面积扩大了。

美丽的江心屿

道教名山仙岩山

谢灵运作为旅行家，自然不会错过力所能至的每一处山水，这不，他来到仙岩山，在这里寻找三皇井和黄帝升仙的山巅。他穿着特制的木屐（jī）在仙岩山的山水间自由行走，好不快活。

仙岩山位于浙江省瑞安市，谢灵运寻找的三皇井就是这里众多景点中的一个。仙岩山不仅有奇山怪石、连泉叠瀑、碧潭绿井等自然景观，还有仙岩寺、陈傅良祠等人文景观。

三皇井

三皇井是仙岩山景区内的一处景观，据说是伏羲（xī）、神农、女娲三皇开凿的，故得此名。传说，伏羲氏取此处岩石打火，教会人类吃熟食；神农氏凿井，引水滋润五谷；女娲选此处岩石，炼制补天的五彩石。

仙岩寺

丛林古刹仙岩寺，建筑风格独特，融合了佛教文化和儒家文化，给人以强烈的视觉冲击。宋真宗还敕（chì）赐一块“圣寿禅寺”的大牌匾给仙岩寺，这块牌匾至今仍悬挂在天王殿的檐下。

陈傅良祠

陈傅良祠也是仙岩山诸景中的一大亮点，它位于仙岩寺的西边，是南宋时期爱国名臣陈傅良及其门人蔡幼学等人创立永嘉学派时的活动场所。陈傅良一生大多数时间在从事教育工作，并创办了仙岩书院。

梅雨潭

梅雨潭高处的飞瀑倾泻而下，随风而来的水珠就像初夏时节下的梅雨，因此得名梅雨潭。此外，这里的梅雨亭、自清亭等也是观瀑、观潭的好地点。

仙岩山景区素有“九狮一象之奇，五潭二井之秀”的美誉，景区内有许多具有深厚文化内涵的古建筑，也值得我们一一探寻。

原典精选

舟向仙岩寻三皇井仙迹

【南朝宋】谢灵运

弭棹❶向南郭，波波浸远天。拂鲦❷故出没，振鹭❸更澄鲜。遥岚疑鹫岭❹，近浪异鲸川。蹑屐❺梅潭❻上，冰雪冷心悬。低徊轩辕氏，跨龙何处巅❼。仙踪❽不可即，活活❾自❿鸣泉。

咬文嚼字

❶弭（mǐ）棹：停船靠岸。❷鲦（tiáo）：一种条状的鱼。❸振鹭：扇动翅膀飞行的鹭。❹鹫岭：佛教中释迦牟尼讲经时住过的灵鹫仙山。❺蹑屐：穿着木屐行走。❻梅潭：仙岩山的一处景观，即梅雨潭。❼跨龙何处巅：是在哪个山顶乘龙升天的。❽仙踪：指黄帝成仙的踪迹。❾活活：水流的声音。❿自：来自。

古文今译

将船停靠在岸边向永嘉城南郊出发，水波连着水波直到与远处的天相连。被水波拂弄的鲦或沉或浮，白鹭展翅高飞映照在水中，让水变得更加澄澈明净。远处的仙岩山就像灵鹫仙山，眼前的河面异常平静，与鲸鱼活动的大海迥异。穿着木屐在梅雨潭上行走，心里像悬着冰雪一样清凉。低头徘徊在黄帝曾经修炼过的古迹上，不知他是在哪个山顶乘龙升天的。成仙的踪迹不可寻觅，只听到山涧的泉水声。

知识面面观

梅雨潭是如何形成的？

梅雨潭的形成与地质年代（地壳上不同时期的岩层和地层在形成过程中的时间和顺序）岩层断裂运动和岩浆侵入有关，在这两个因素的作用下，梅雨潭及其周围形成了色彩斑斓的凝灰岩地貌特征。这里的岩质十分坚硬，在流水的冲蚀下周围被磨得圆滑又干净。大罗山巅有一天然的水库叫秀垟（yáng）水库，其所蓄之水的出口就是梅雨潭上方的山谷，当水从水库流出，梅雨潭的奇妙景观就形成了。

梅雨潭形成示意图

石门山中寻山水

南北朝时期，元嘉七年（430年）的一天，谢灵运拄着手杖来到了石门山，意在寻找这里独特的美景。

石门山因两山相对宛如石门开门而得名。山下有回旋的小溪，溪水清澈见底；山中有石门洞，洞中奇景多如繁星；山上奇石遍布，松林葱郁。石门洞自古就有“东吴第一胜事”之美誉。

石门洞

石门洞景区由洞天飞瀑、太子胜景、仙桃、师姑湖等景点组成。洞内群山环绕，树木葱葱，洞宇清幽，气候宜人，是一处集清、幽、灵、古、奇、险、野、趣等特色为一体的“洞天仙境”。在唐朝，石门洞就已成为中国道教名山的三十六洞天之第十二洞天。

石门瀑布

石门洞内最为壮观的风景就是石门瀑布了。水流从几十米的悬崖峭壁上倾泻而下，犹如数不清的珍珠掉落潭底，顿时飞珠溅玉。相传诗仙李白来此处游玩时，还写诗称赞

它："何年霹雳惊，云散苍崖裂。直上泻银河，万古流不竭。"可见其壮观程度。

刘文成公祠

在石门山游玩，总要去刘文成公祠看看。据说刘伯温就是在这里打败了害人的白猴精，还在白猴洞中得到三卷"天书"，并在"天书"的帮助下协助朱元璋夺得了天下。为了纪念他的功德，人们修建了这座刘文成公祠。

石门山地势险要，造就了很多壮观的景色。这里除了有令人叹为观止的飞瀑群，还有古寺、山村、道观等。

原典精选

登石门最高顶（节选）

【南朝宋】谢灵运

晨策[1]寻[2]绝壁，夕息在山栖。疏峰抗高馆，对岭临回溪。长林罗户庭[3]，积石拥阶基。连岩觉路塞，密竹使径迷。来人忘新术，去子惑故蹊[4]。活活夕流驶，噭（jiào）噭夜猿啼。沉冥[5]岂别理，守道自不携[6]。

咬文嚼字

❶ 策：拄着手杖。❷ 寻：小心翼翼地探着走路。❸ 罗户庭：排列在门前庭外。❹ 惑故蹊（xī）：忘掉了原本走过的小路。❺ 沉冥：沉浸在冥想之中。❻ 不携：专心一致。

古文今译

早上拄着手杖小心地探着走路，晚上在山里住下。远处的山峰遥遥相对，对面的山岭中夹着蜿蜒的溪流。高大的树木在门庭外排列着，石头堆满屋檐下靠墙脚高出地面的小块平台。山岩连着山岩，感觉路被堵住了，茂密的竹林使人迷路。过来的人忘了新走出来的路，离开的人忘了原本走过的小路。晚间快速奔流的水发出“活活”的声音，夜晚的猿发出“噭噭”的啼声。沉浸在冥想中不会违背自然之理，谨守大道并专心一致。

知识面面观

石门飞瀑是怎么形成的？

石门飞瀑的形成与地质断裂有关。当山体受张断裂带控制时，它们会相互排斥断裂进而发生断层。在流水的侵蚀下，水流会沿断层面倾泻而下，瀑布就这样形成了。从天而降的瀑布不断冲击地表，汇聚在悬崖和地形落差大的峡谷地带再次倾泻而下，这就形成了壮观的石门飞瀑。

石门飞瀑形成示意图

浙江游玩要点

景点

- **西湖**：位于浙江省杭州市，自古以来就是深受游客欢迎的景点，著名景点有外西湖、里西湖、后西湖、湖心亭等。
- **南湖**：位于浙江省嘉兴市东南部，分为东西两湖，又叫“鸳鸯湖”，湖里有湖心岛，岛上有烟雨楼。
- **普陀山**：位于浙江省东北面的莲花洋中，最高峰是佛顶山，著名景点有普济寺、惠济寺、长生禅院等。
- **千岛湖**：位于淳安县与建德市之间，有极具盛名的白马洞、灵栖洞、金竹牌、屏风山等景点。
- **钱江源国家公园**：位于开化县，这里拥有大片的原始森林和各种濒危动植物，还是多种国家级重点保护动物的栖息地。

美食

浙江的美食有富春江鲥（shí）鱼、绍兴梅干菜、奉化水蜜桃、五芳斋粽子、三珍斋八宝饭、荷叶粉蒸肉、汾湖蟹、绍兴黄酒、太湖三宝、苍南四季柚、长兴板栗、湖州雪藕、金华火腿、绍兴茴香豆等。

小贴士

1 提前订好门票，安排好行程。

2 浙江交通方式较多，提前做好规划。

3 浙江气候比较湿润，一定要准备不同季节的衣服。

跟着古人

游中国

跟着郦道元探寻江河源流

瑾　言◎主编

应急管理出版社
· 北京 ·

图书在版编目（CIP）数据

跟着郦道元探寻江河源流 / 瑾言主编. -- 北京 : 应急管理出版社，2025. --（跟着古人游中国）.
ISBN 978-7-5237-0892-7

Ⅰ. K928.9-49

中国国家版本馆 CIP 数据核字第 2024706AG0 号

跟着郦道元探寻江河源流

主　　编　瑾　言
责任编辑　郭浩亮
封面设计　彭明军

出版发行　应急管理出版社（北京市朝阳区芍药居 35 号　100029）
电　　话　010-84657898（总编室）　010-84657880（读者服务部）
网　　址　www. cciph. com. cn
印　　刷　天津泰宇印务有限公司
经　　销　全国新华书店

开　　本　710mm×1000mm 1/16　**印张**　24　**字数**　240 千字
版　　次　2025 年 2 月第 1 版　2025 年 2 月第 1 次印刷
社内编号　20230578　**定价**　128.00 元（共六册）

前言

中国这片辽阔的大地上，拥有无数的自然景观与人文景观，从连绵起伏的山脉到蜿蜒曲折的河流，从一碧万顷的湖泊到古色古香的亭台楼阁……每一处景观都向我们展示着中华大地深厚的文化底蕴。

古时，文人墨客也会慕名游览名胜景观，并写下一篇篇佳作。那么，在他们的笔下这些景观又呈现出怎样的风貌呢？在我们编写的这套《跟着古人游中国》里，你会得到一些答案。

你可以跟着大旅行家徐霞客漫游华夏大地，欣赏鬼斧神工的“象鼻山”奇景，远眺银装素裹的玉龙雪山；跟随张骞的足迹，在河西走廊欣赏七彩的丹霞地貌，在帕米尔高原对抗凛冽的寒风；也可以一边吟诵谢灵运的优美词句，一边饱览我国的秀丽山水……

除了徐霞客、张骞、谢灵运，我们还请了郑和、沈括和郦道元当“导游”，并通过对他们足迹的记述，将祖国壮美的河山浓缩在笔端，展开一幅幅生动的历史画卷。这套书不仅是一部旅行指南，更是一部文化百科全书。无论你喜欢自然风光，还是对历史文化感兴趣，都能在这套书中找到乐趣。不仅如此，书中的旅游攻略板块还介绍了当地的美景、美食，并附有出行小贴士，为你日后的旅行做准备。

现在，让我们翻开这套《跟着古人游中国》，跟随先贤的脚步来一次跨越时空的旅行吧。

目录

跟着郦道元游淮河

跟着郦道元游黄河

郦道元（约 470—527），北魏地理学家、文学家。自幼博览奇书，成年后又游历秦岭、淮河以北和长城以南的广大地区，考察河道沟渠，搜集风土民情等。代表作《水经注》。

黄河之水天上来

古人云："黄河之水天上来。"在漫长的岁月中，人们曾苦苦探求黄河的源头，其中就包括郦道元。但是由于条件所限，他只能依据古书中黄河发源于昆仑山的记载，将其记录在自己的著作《水经注》中。在这部著作中，他详细介绍了黄河的水系分布、水文特征及其对周围城市的影响等。

庞大的水系

黄河是我国的第二长河，发源于青海省巴颜喀拉山北麓约古宗列盆地，流域范围很广。黄河有很多干流和支流，其干流指黄河源头至黄河河口，支流则指直接或者间接流入黄河干流的河流，并分为一级支流、二级支流等，其中重要的支流有汾河、渭河、沁河等。除干流、支流外，由于历史原因，它也形成了一些滩地，能够供人类居住和进行耕作。因此，黄河流域分布着大量历史名城，如西安、洛阳、开封等，这些历史名城均有着浓厚的文化底蕴。

黄河九曲第一湾

俗语说："天下黄河九曲十八湾。"黄河迂回曲折，蜿蜒穿行于九个省（自治区），在四川省若尔盖县唐克乡，由于白河的汇入，形成了黄河的第一大转弯。这里有着奇特且壮丽的自然景观，也是摄影师们钟爱的取景地。

除了自然风光，这里还有很多藏族村落，游客不仅可以了解当地的文化和生活，还可以去品尝藏族美食，如酥油茶、糌（zān）粑和青稞酒等。

壶口瀑布

黄河流至陕西省宜川境内的晋陕峡谷时，由于两岸青山挟持，水流骤然收束，河水奔腾湍急，犹如从壶中倾

出，因此得名壶口瀑布。壶口是黄河峡谷最险要的一段峡谷，主要有八大奇观，分别是水底冒烟、旱地行船、霓虹戏水、山飞海立、晴空洒雨、旱天惊雷、冰峰倒挂和十里龙槽。这些景观无不让人感叹大自然的神奇与魅力。站在观景台上，观看面前的瀑布，黄河水从20多米高的陡崖上倾泻而出，颇有“千里黄河一壶收”的气概。

黄河是中华民族的母亲河，陪伴着中华儿女经历了数千年的风雨历程。

原典精选

《山海经》❶曰：河水入渤海❷，又出海外，西北入禹所导积石山❸。山在陇西郡❹河关县西南羌中。余考群书，咸言河出昆仑，重源潜发，沦于蒲昌，出于海水。故《洛书》曰：河自昆仑，出于重野。谓此矣。迳积石而为中国河。故成公子安❺《大河赋》曰：览百川之宏壮，莫尚❻美于黄河。

选自《水经注·河水一》

作者：[北魏] 郦道元

咬文嚼字

❶《山海经》：一部记载我国神话、地理、植物、动物、矿物、物产、医药、民俗等文化的著作。❷ 渤海：即蒲昌海，今新疆东南部的罗布泊。❸ 积石山：今青海东南部的阿尼玛卿山。❹ 陇西郡： 郡名。战国秦昭襄王二十八年（公元前 279 年）置，因在陇山之西而得名。❺ 成公子安：即成公绥，字子安。西晋文学家。❻ 尚：通“上”，超过。

古文今译

《山海经》记载：黄河注入渤海，又流向海外，向西北流入大禹所疏导的积石山。积石山在陇西郡河关县西南羌族人居住的地区。我考证了许多书，都说河水发源于昆仑山，潜流入地后再次冒出地表，到蒲昌海又消失了，然后再从内海中流出。所以《洛书》记载：黄河从昆仑山发源，再从重野流出。说的就是这种情况。河水流经积石山后，便成了中原的河流。因此，成公子安在《大河赋》中说：纵观百川壮伟的雄姿，没有比黄河更美的。

知识面面观

黄河的分布

黄河发源于巴颜喀拉山，流经青海、四川、甘肃、宁夏、内蒙古、陕西、山西、河南和山东等省（自治区），最终流入渤海。黄河的中上游以山地为主，中下游以平原、丘陵为主。由于中流段经过黄土高原地区时夹带了大量的泥沙，所以黄河成为世界上含沙量最多的河流。

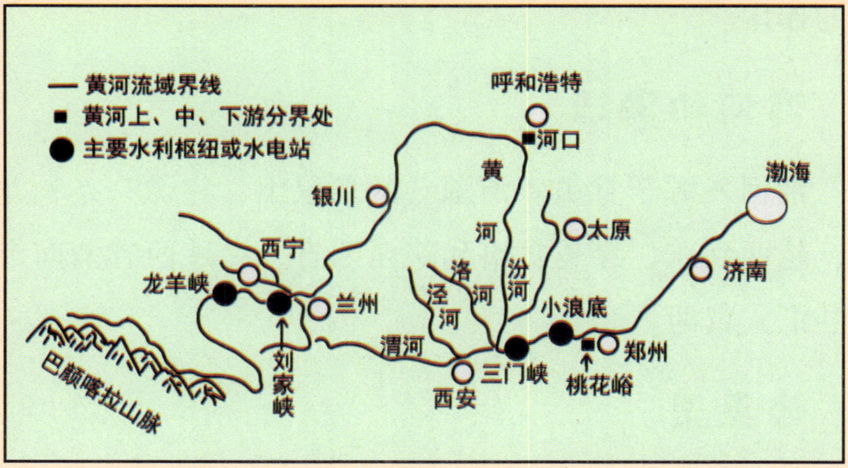

黄河流域略图

中国的尼罗河——渭河

渭河，古称渭水，是黄河的第一大支流。郦道元记录了渭河的源头、水系的走向、沿岸的文化等。

有学者说，渭河是中国的尼罗河，就像尼罗河孕育出古埃及文明一样，渭河在中华文明孕育过程中起了举足轻重的作用。

渭河的源流

渭河发源于甘肃省渭源县的鸟鼠山，它像一条长龙一样，从西到东，穿越甘肃和陕西两省，在陕西省渭南市潼关县汇入黄河。

泾惠渠

渭河流域的水利事业历史悠久，在陕西境内，有一个著名的水利工程——泾惠渠。

泾惠渠的前身是郑白渠，郑白渠是秦代的郑国渠和汉代的白渠的合称。明清时期，郑白渠逐渐淤积；1932年，在著名水利学家李仪祉的主持下，郑白渠“华丽变身”为泾惠渠，继续造福关中的百姓。

渭河古桥

在渭河上，考古学家挖掘出了八座古老的桥梁，包括马家寨古桥、咸阳古渡里的汉唐桥、西安汉长安城厨城门外的三座桥、洛城门外的一座桥，以及草滩和耿镇的两座桥。这些桥梁的修建年代涵盖了秦、汉和唐三个时期，堪称古代造桥技术的“活字典”。

渭河这条古老而充满神秘感的河流拥有丰富的历史文化遗产，造福着关中的人们，给他们带来了无尽财富。

原典精选

渭水出首阳县[1]首阳山[2]渭首亭南谷，山在鸟鼠山[3]西北。此县有高城岭，岭上有城，号渭源城，渭水出焉。三源合注，东北流迳首阳县西，与别源合。水南出鸟鼠山渭水谷，《尚书·禹贡》所谓渭出鸟鼠者也。《地说》曰：鸟鼠山，同穴[4]之枝干也。渭水出其中，东北过同穴枝间。既言其过，明非一山也。又东北流而会于殊源[5]也。

选自《水经注·渭水一》
作者：[北魏] 郦道元

咬文嚼字

❶ 首阳县：古县名，汉代始置，治今甘肃渭源东北。❷ 首阳山：在今甘肃渭源东南。❸ 鸟鼠山：在今甘肃渭源西南。❹ 同穴：鸟鼠同穴山，即鸟鼠山。❺ 殊源：另外的源头。

古文今译

渭水发源于首阳县首阳山的渭首亭南谷，首阳山在鸟鼠山的西北。首阳县有高城岭，岭上有一座城，名叫渭源城，渭水就发源于此。渭水由三个源头合流而成，往东北流经首阳县西，又与另一个源头汇合。这个源头出自南面的鸟鼠山渭水谷，就是《尚书·禹贡》所说的渭水源出鸟鼠山。《地说》记载：鸟鼠山，是同穴山的主脉。渭水发源于其间，向东北流过同穴山各支脉。既然说流过，很明显并非一座山了。又向东北奔流，与另一个源头汇合。

知识面面观

泾渭分明

在陕西省西安市附近，泾河作为渭河的支流流入渭河时，两条河流的交汇处形成独特的自然景观：泾河水清澈，渭河水混浊，且两条河水界限分明，不相融合。之所以出现这种情况，是因为它们发源于不同的山脉，流经不同的地域，携带的泥沙量不同。含沙量多的渭河水呈现出浑浊状态，而含沙量少的泾河水则相对清澈，使两河交汇时形成了明显的分界线。

泾渭分明示意图

三晋母亲河——汾河

跟着郦道元的脚步，我们来到了黄河的第二大支流，也就是汾河。

汾河是山西最大的河流，对山西省的政治、历史、文化、经济等方面有着重要的影响。汾阳、襄汾等地名，汾酒等特产，都来自汾河，这从侧面体现出这条河的巨大影响。

汾河的源流

汾河发源于山西省宁武县境内的管涔山，流经山西省的忻州、太原、吕梁、晋中、临汾、运城6市的29县（区），于万荣县荣河镇庙前村汇入黄河。

汾河公园

汾河公园贯穿整个太原市，是一条长40余千米的绿色长廊，集休闲、旅游、健身、观光等功能于一体。汾河公园一侧是公路，一侧是清澈的汾河，园内不仅有大量树木和草地，还有汾河晚渡、雁丘园、野趣园、牡丹广场等景点。

汾河晚渡

山西太原有八大景观，又叫太原八景，分别是汾河晚渡、烈石寒泉、双塔凌霄、巽水烟波、崛围红叶、土堂神柏、天门积雪、蒙山晓月。其中汾河晚渡位于太原市汾河公园内，为船舫造型的仿古建筑。夕阳西下，在此处可以眺望西山的美景。正如明朝诗人张颐诗中所说：“山衔落日千林紫，渡口归来簇如蚁。中流轧轧橹声轻，沙际纷纷雁行起。”

现如今，汾河继续为两岸的人们贡献着自己的力量，“河水关情，汾水牵念”，它的地位在三晋儿女的心中无可替代。

原典精选

《十三州志》[1]曰：出武州[2]之燕京山[3]。亦管涔之异名也。……汾水又南，与东、西温溪合。水出左右近溪，声流翼注。……汾水又南迳汾阳县故城东，川土宽平，峘[4]山夷[5]水。《地理志》[6]曰：汾水出汾阳县北山，西南流者也。

选自《水经注·汾水》
作者：[北魏] 郦道元

咬文嚼字

❶《十三州志》：北魏阚（kàn）骃（yīn）所著。阚骃，字玄阴，敦煌（今甘肃）人。❷武州：古县名。西汉置。治今山西左云。❸燕京山：即管涔（cén）山，在今山西西北部。❹峘（huán）：高。❺夷：平缓。❻《地理志》：即《汉书·地理志》，书中概述了先秦至汉朝的地理沿革、西汉的行政区划、山川河流、物产及中外交通等。

古文今译

《十三州志》说：汾水源出武州的燕京山。燕京山也就是管涔山的异名。……汾水又往南流，与东温溪和西温溪汇合。这两条溪水都出自邻近一带的小溪，淙淙地奔流入汾水。……（接着）汾水又往南流经汾阳县的老城东边，此处地势广阔且平坦，山小而高，水缓而静。《地理志》说：汾水发源于汾阳县的北山，向西南方向流去。

清香白酒——汾酒

汾酒是山西特色名酒，属于清香型白酒，是中国古老的四大名酒之一。由于产自山西省汾阳市杏花村，所以汾酒又被称作“杏花村酒”。

汾酒取用汾水，因工艺佳、入口绵、落口甜、饮后余香、回味悠长等特色而著称。在南北朝时期，它作为宫廷贡酒，受到了北齐武成帝的极力推崇。后来，其被载入了《二十四史》。

中国古代白酒酿造示意图

古韵洛河

洛河，亦称“南洛河”，是黄河支流之一。它发源于陕西省洛南县西北，流经洛阳、偃师、巩义等地，最终注入黄河。洛河之上有着诸多的水利工程，如洛惠渠等；还有大量的古城、遗址、墓葬等历史遗迹，如著名的二里头遗址等。

在郦道元的笔下，洛河往东奔流而去，穿山越城，造福着沿岸的百姓。

河洛文化

河洛文化是中华文化的源头之一，衍生出了彩陶文化（仰韶文化）、黑陶文化（龙山文化）、夏商周的青铜文化，以及宋代洛学及理学等。

洛神

洛河两岸曾流传着一个关于洛水女神宓（fú）妃的故事。宓妃本是伏羲的女儿，在横渡洛水时不小心溺亡，后来化作洛水的女神，即洛神。三国时期文学家曹植曾创作

《洛神赋》，其中就想象了洛神的美貌等，并虚构了自己与洛神邂逅的场景。

陆浑水库

陆浑水库位于河南省洛阳市嵩县，以防洪为主，也结合了发电、养鱼、灌溉等功能，给周边地区提供了用水。

洛河以自己博大的胸怀，包容着流域内多彩的文化，为中国文化的发展和繁荣做出了独特贡献。

原典精选

洛水出京兆❶上洛县❷讙举山❸，《地理志》曰：洛出冢岭山❹。《山海经》曰：出上洛西山。又曰：讙举之山，洛水出焉，东与丹水合。水出西北竹山❺，东南流注于洛。洛水又东，尸水注之。水北发尸山❻，南流入洛。

选自《水经注·洛水》
作者：[北魏] 郦道元

咬文嚼字

❶京兆：即京兆郡，为雍州所辖，治所在长安县（今陕西西安）。❷上洛县：属京兆郡，治所在今陕西商洛。❸讙（huān）举山：传说中的山名。❹冢岭山：在今陕西洛南西北。❺竹山：在今陕西渭南市东南。❻尸山：在今陕西洛南西北。

古文今译

洛水发源于京兆郡上洛县的讙举山，《地理志》记载：洛水发源于冢岭山。《山海经》则记载：（洛水）发源于上洛西山。还有一种说法是：洛水发源于讙举山，往东流，与丹水汇合。丹水发源于西北方的竹山，向东南注入洛水。洛水又往东流，尸水注入。尸水发源于北方的尸山，向南注入洛水。

知识面面观

河图、洛书

出自黄河中的河图与出自洛河中的洛书是中国古代流传下来的两幅神秘图案，蕴含了深奥的宇宙星象之理，被誉为“宇宙魔方”。这两幅图案不仅是中国文化的源头，更是古代先民仰观天文、俯察地理的智慧结晶。它们以独特的方式展现了古代人们对宇宙、自然和人类自身的理解，是中国文化中不可或缺的一部分。

2014年11月11日，经国务院批准，河图洛书传说被列入第四批国家级非物质文化遗产名录。

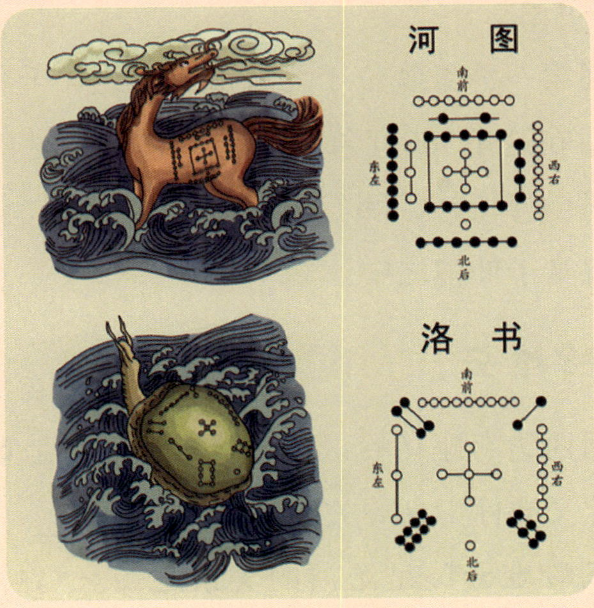

河图、洛书

钟灵毓秀沁河水

郦道元笔下描述的沁水，从西北奔流而下，最终注入黄河。沁水就是现在的沁河。沁河位于山西省东南部，是黄河下游的一条支流。它发源于沁源县北太岳山东麓，流经晋城市、沁水县、阳城县等地，最终在河南省武陟县注入黄河。

沁河第一湾

沁河第一湾景观位于晋城市西南约40千米的南岭镇境内，沁河在这里360度急剧回转，将土岭村搂入了它的怀抱。这里山峰挺拔，峡谷幽深，河水清澈，空气清新，让人仿佛置身于仙境之中。

乌岭堆云

沁河西边有座乌岭，扼守河东咽喉，是重要的军事名关，因此又被称为乌岭关。

“乌岭堆云”是沁河的美景之一。乌岭常年云雾缭绕，尤其在雨后天晴时，更是云海弥漫，变化万千，犹如仙女舒展云袖，十分壮观。乌岭金山有气候界山之誉，山之西气候温和湿润，山之东气候干燥凉爽，是一大奇观。

莲塘时雨

“莲塘时雨”位于沁水古城东南，与石楼精舍隔杏河相望，是沁水十景中唯一的人文景观。该景建造时，引杏河水，凿池并种植莲花，以应唐人“城东荷塘应时雨”的意境。荷花寓意出淤泥而不染，表示为官清廉；而“应时雨”则寓意着顺应天时，适应时令降雨。由此可以看出，此景寄托了人们的美好愿望。

原典精选

又东北过武德县东，沁水❶从西北来注之。河水自武德县。汉献帝延康元年，封曹叡为侯国，即魏明帝也。东至酸枣县❷西，濮水❸东出焉。汉兴三十有九年，孝文时，河决酸枣，东溃金堤，大发卒塞之。故班固云：文堙枣野❹，武作《瓠歌》。谓断此口也。今无水。

选自《水经注·河水五》

作者：[北魏] 郦道元

咬文嚼字

❶ 沁水：又叫少水，即今山西东南部的沁河。❷ 酸枣县：战国时期魏国设置。后入秦，属东郡。治所在今河南延津西南。❸ 濮水：又叫濮渠水，流经春秋时卫地。❹ 枣野：此指酸枣县。

古文今译

河水又向东北流过武德县东边，沁水从西北流来注入。河水从武德县流出。汉献帝延康元年，将武德县封给曹叡建立侯国，他就是后来的魏明帝。河水自武德县往东流至酸枣县西边，濮水在这里向东分支流出。汉代兴起后三十九年，到了孝文帝时期，河水在酸枣县决口，向东冲垮了金堤，朝廷调动了大部队前去堵住溃决处。所以班固说：文帝堵塞酸枣县，武帝作《瓠歌》。说的就是堵塞决口之事。今天此水已经干涸。

知识面面观

沁河古栈道

三国时期，魏国将领司马懿因作战需要，准备从山西调运粮草和士兵到京都洛阳。然而，山西与洛阳之间有巍峨的太行山阻隔，这使得两地之间的交通变得非常困难。唯一可行的路线是沿着沁河河谷前进。沁河虽有水，但无法通航，因此只能在河西岸大山的崖壁上凿孔，架设木板，修建了一条近百公里长的栈道。今天，在马鞍山区古栈道石崖上，离沁河水面10米处，有一尊司马懿石像，是人们用来纪念这位历史名人开凿沁河栈道的功绩的。

司马懿石像

黄河游玩要点

景点

- **鹳雀楼**：位于山西省永济市，下临黄河，雄伟壮观，历史底蕴深厚。
- **壶口瀑布**：东濒山西省临汾市吉县的壶口镇，西临陕西省延安市宜川县的壶口镇，是两省共有的旅游景区。壶口瀑布是中国第二大瀑布，也是全球最大的黄色瀑布。
- **龙门石窟**：位于河南省洛阳市，是世界上造像最多、规模最大的石刻艺术宝库，被联合国教科文组织评为“中国石刻艺术的最高峰”。
- **晋陕大峡谷**：位于山西省和内蒙古自治区交界处，是黄河干流上最长的连续峡谷。晋陕大峡谷曲折多变，雄伟美丽，是中国较美丽的峡谷之一。

美食

黄河流域的美食有黄河大鲤鱼、兰州拉面、牛肉面、羊肉泡馍、酱大骨、凉皮、烤全羊、糖油果子、炸酱面、羊肉串、麻花、山西刀削面等。

小贴士

1 黄河旅行的最佳时间通常在春季和秋季。此时天气宜人，景色优美，非常适合旅游。

2 在旅行过程中，要时刻关注安全问题。遵守当地的规定和警示，不随意进入禁区或者从事危险活动。

跟着郦道元
游长江

中国第一长河——长江

长江发源于青藏高原东部的唐古拉山脉，流经西藏、四川、云南、重庆、湖北、湖南等11个省、市（自治区、直辖市），在上海市注入东海。长江是中国重要的内河航道之一，拥有丰富的水资源，也是中华民族发展的重要支撑。

郦道元作为一位杰出的地理学家，他对长江的描述和理解为后人研究长江提供了宝贵的资料。

朝天门

朝天门位于重庆市渝中半岛的嘉陵江与长江交汇处。此处势如野马分鬃，清浊分明，形成“夹马水”景观，十分壮观。

三峡大坝

三峡大坝位于湖北省宜昌市夷陵区，地处长江干流西陵峡河段、三峡水库东端。三峡大坝始建于1994年，集防洪、发电、航运、水资源利用等功能于一体，是当今世界上较大的水利枢纽建筑之一。同时，三峡大坝景色壮丽无比，是深受人们欢迎的旅游景观。

李庄古镇

李庄古镇位于四川省宜宾市东郊的长江南岸，享有“万里长江第一古镇”的美誉。这个小镇至今仍然完好地保留着明清时期的许多古建筑，仿佛在向人们诉说着古老的历史。

长江，犹如一条璀璨的绿色丝带，穿越祖国的壮丽山河，展现着无穷的力量和生命活力。

原典精选

又西百二十余里至汶山故郡，乃广二百余步；又西南百八十里至湿坂❶，江稍大矣。故其精则井络❷瀍曜❸，江、汉昞灵❹。《河图括地象》❺曰：岷山之精，上为井络，帝以会昌，神以建福。故《书》❻曰：岷山导江。泉流深远，盛为四渎❼之首。

选自《水经注·江水一》
作者：[北魏] 郦道元

咬文嚼字

❶湿坂：即湿坂山，位于今四川汶川南。❷井络：这里指井星，二十八星宿之一。❸瀍（chán）曜：垂下光辉。❹昞（bǐng）灵：灿烂，照耀。❺《河图括地象》：书名，是汉代的一部谶（chèn）纬类著作。撰者不详。❻《书》：指《尚书·禹贡》。❼四渎：古时将长江、黄河、淮河、济水合称为四渎。渎，大河。

古文今译

江水又往西奔流一百二十余里，到达旧汶山郡时，才有两百余步宽；又往西南奔流一百八十里到达湿坂，江面才稍微大了一点儿。所以有此精气，井星熠熠生辉，大江、汉水灵光照耀。《河图括地象》说：岷山之精气，上升为井星，帝王因其会合而昌盛，神明赖以为人类造福。所以《尚书》说：岷山是江水的出处。泉流深而远，流量非常大，在四渎中首屈一指。

知识面面观

长江码头

在长江流域，有着大量码头。码头文化是长江沿岸的货运中心。由于长江流域的城镇商品贸易极为繁荣，吸引了众多商家，因此形形色色的人聚集在这里，包括力夫、客人、商贩等。今天，长江码头已变了样，但依然有旧时的影子。人们爱吃的四川火锅、热干面、麻婆豆腐等美食，都出自长江码头。

长江码头

天府的摇篮——岷江

岷（mín）江是长江上游的支流，主要位于四川省中部。它从青藏高原奔腾而下，穿越蜀地的崇山峻岭，滋养着“天府之国”的沃土良田。

郦道元生活的时代南北对峙，他无缘亲自到岷江考察，因此没能用他的如椽巨笔刻画出岷江的美景，真是令人遗憾。

都江堰

都江堰在今四川都江堰市西北岷江中游，古时曾在都安瑶族自治县境内，称为都江堰。都江堰始建于秦昭王末年，是蜀郡太守李冰父子在前人鳖灵开凿的基础上修建的大型水利工程。都江堰建成之后，改变了蜀地非旱即涝、百姓民不聊生的状况，让蜀地成为沃野千里、物产丰饶的“天府之国”。

经过历代人的辛勤修复和扩建，都江堰已不仅仅是灌溉通航的渠道，还成了一个风景秀丽的景区，如宝瓶口、伏龙观、二王庙等都深受人们欢迎。

中岩风景区

中岩风景区位于岷江东岸，是一个充满历史和文化底蕴的地方。景区延绵十余里，景点密布，包括临江下寺、唤鱼池、牛头洞、千佛长廊等景观。

乐山大佛

乐山大佛位于四川省乐山市南，岷江东岸的凌云山上，是中国最大的一尊摩崖石刻造像。乐山大佛依山路开山凿成，高达71米，头与山齐，足踏大江，神情肃穆，大气磅礴，有“山是一尊佛，佛是一座山”之称，吸引着无数游客前来参观。

岷江这条古老而充满活力的河流孕育了四川盆地独特的自然景观和人文历史，世世代代滋养着蜀地人民。

原典精选

岷山，即渎山也，水曰渎水矣。又谓之汶阜山，在徼外❶，江水所导也。《益州记》❷曰：大江泉源，即今所闻，始发羊膊岭❸下。缘崖散漫，小水百数，殆未滥觞❹矣。东南下百余里至白马岭，而历天彭阙❺，亦谓之为天彭谷也。

选自《水经注·江水一》

作者：[北魏] 郦道元

咬文嚼字

❶ 徼（jiào）外：边塞外，边境外。❷《益州记》：南朝宋任豫撰，记述了益州历史与地理状况。益州为汉十三州部之一，管辖蜀、巴、广汉、犍（qián）为等郡。❸ 羊膊岭：在今四川松潘西北岷山之麓，岷江发源于此。古人以岷江为长江的主源，因而有长江发源于此岭的说法。❹ 觞（shāng）：即酒杯。❺ 天彭阙：亦称天彭谷，在今四川松潘西北。

古文今译

岷山就是渎山，水称为渎水。又称为汶阜山，位于边境以外，是江水流出的地方。《益州记》说："大江源头的泉水，据现在所知，从羊膊岭下开始流出，数以百计的涓涓细流，随着山崖散开，水浅得几乎连酒杯也浮不起来。水往东南倾泻而下一百多里，到了白马岭，经过天彭阙，天彭阙又称为天彭谷。"

都江堰构造图

都江堰大致由分水导流工程（鱼嘴、金刚堤）、节制工程（飞沙堰、人字堤）和进水口（宝瓶口）三大主体工程组成，因地制宜、因势利导，让我们不得不为古人的智慧拍案称奇。当然，都江堰之所以能成为世界上存续时间最长的引水工程，也离不开后世历朝历代对它的改造和扩建。

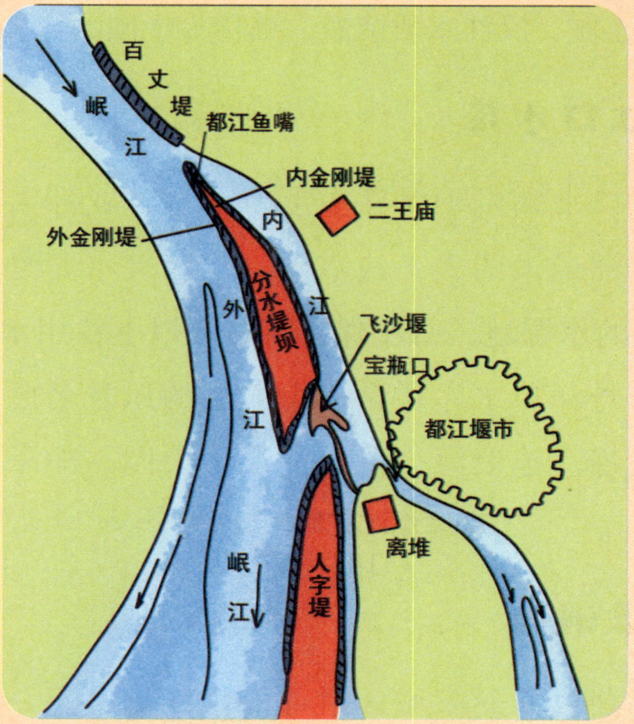

都江堰构造图

唯美汉江

汉江又称汉水，是长江最长的支流。汉江与汉民族有着不解的缘分：汉族得名于汉朝，汉朝得名于汉高祖刘邦称帝前的封地汉中，汉中则是汉水之中的意思。

汉江流过的地方，有许多如诗如画的山峰和美不胜收的田园、小城。汉江水质清澈，被称为中国的“多瑙河”。

丹江口水库

丹江口水库位于汉江中上游，有“亚洲天池”的美誉，是亚洲最大的人工淡水湖。丹江口水库是南水北调中线工程的水源地，常年保持着Ⅱ类以上饮用水标准。不仅如此，丹江口水库还是一个大型的风景名胜区，拥有丹江口大坝、沧浪海、沧浪洲湿地公园、净乐宫等著名景点。

鱼梁洲

鱼梁洲位于襄阳城区附近的汉江上，是一个海棠叶形的美丽沙洲。这里景色宜人，拥有着独特的自然风光，素有“汉江明珠”的美称。唐朝时，鱼梁洲就成了著名的旅游胜地，吸引了大量诗人前来游览。其中，孟浩然、李白、王维、王昌龄、皮日休等都在这里留下了美丽的诗篇。

桃花岛

桃花岛位于襄阳城区西面的汉江中。过去，这里大面积种植桃树，每当花开时节，岛上姹紫嫣红，美丽极了。不过，今天岛上已经没有多少桃花了，而是改种了其他经济树木。

汉江之美不仅在于其唯美动人的自然风光，还在于它在航运、引水等方面做出的突出贡献。

原典精选

汉水又东合褒水。水西北出衙岭山，东南迳大石门[1]，历故栈道[2]下谷，俗谓千梁无柱[3]也。诸葛亮《与兄瑾书》云：前赵子龙[4]退军，烧坏赤崖[5]以北阁道缘谷百余里，其阁梁一头入山腹，其一头立柱于水中。今水大而急，不得安柱，此其穷极[6]，不可强也。

选自《水经注·沔（miǎn）水一》

作者：[北魏] 郦道元

咬文嚼字

❶大石门：杨守敬按《方舆纪要》，“大石门”即“斜谷口”，在今陕西眉县西南。❷栈道：在悬崖绝壁上凿孔支架木桩，铺上木板而成的窄路。❸千梁无柱：只有木梁而没有柱子。因为崖壁与山坡或山下溪涧河流的距离比较远，所以无法立柱。❹赵子龙：即赵云，常山真定（今河北正定）人，三国蜀汉大将。❺赤崖：古地名。在陕西留坝东北。❻穷极：艰难到了极点。

古文今译

汉水继续向东流，与褒水汇合。褒水源自西北的衙岭山，向东南流经大石门，穿过以前的栈道下谷，俗称千梁无柱。诸葛亮《与兄瑾书》说：先前赵子龙退兵时，把赤崖以北沿着山谷周围的阁道烧了一百多里，阁梁一头通入山中，另一头在水中立柱。现在水势太大太急，没法再立柱子，困难已经到了极点，实在不能再勉强了。

知识面面观

南水北调工程

我国是一个水资源分布不均的国家，北方水少，南方相对水多。黄河、海河和淮河流域的人口约占全国总人口的35%，耕地面积约占全国耕地总面积的40%，但水资源总量仅占全国水资源总量的7%。为了解决这一问题，1952年，毛泽东主席在视察黄河时首次提出“南水北调”的设想。南水北调工程分别在长江的上游、中游、下游划分出三个调水区，依次构成东线、中线、西线三条调水路线，将长江与黄河、海河、淮河连接起来。该工程的东线、中线一期工程已经完工通水，惠及上亿人。

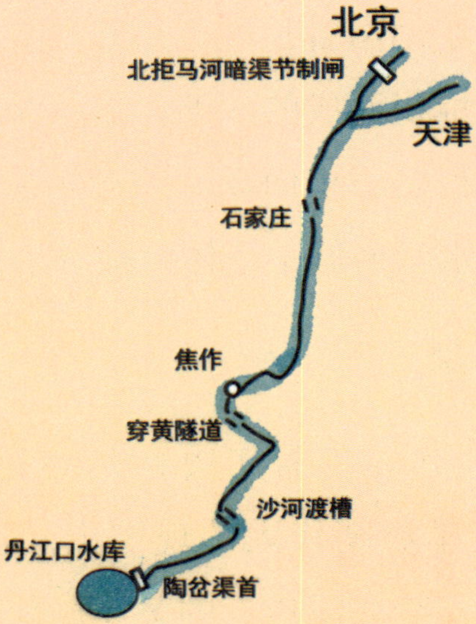

南水北调中线工程

湘江湘韵

湘江，又名湘水、芙蓉水、雁门水，是长江中游南岸的重要支流。湘江婉转多姿，上游水力资源丰富，下游经济发达。

由于时代所限，郦道元无缘见到湘江，因此，他对湘江的认识也有一些局限。

橘子洲

橘子洲位于湖南省长沙市岳麓区，在湘江江心，为激流回旋、沙石堆积而成的沙洲，形状是一个长岛。橘子洲以盛产美橘而得名，里面矗立着青年毛泽东的艺术雕塑。它集名山、名水、名城于一体，被誉为“中国第一洲”。

杜甫江阁

杜甫江阁坐落在湘江边，是为纪念唐朝诗人杜甫而建的。杜甫是唐朝伟大的现实主义诗人，被尊为“诗圣”。他曾在长沙湘江边上的茅屋居住，还给茅屋起了一个文雅的名字——江阁。今天江阁的设计充满了诗意，设

有书法碑廊，里面刻有杜甫在湘江边创作的59首诗。登阁游览，可以俯瞰长沙夜景，遥望岳麓山，还可以感受诗人忧国忧民的伟大情怀。

万楼

万楼又名文昌阁，是一座历史悠久的古建筑，位于湘潭市雨湖区。万楼始建于明朝万历年间，是湘潭文人墨客赏景赋诗的胜地。万楼共七层，呈八边形，造型优美，工艺精湛，是湘潭市具有代表性的古建筑之一。

湘江是湖南省最大的河流，是湖南省的母亲河。

原典精选

湘[1]、漓[2]同源，分为二水：南为漓水，北则湘川，东北流。罗君章[3]《湘中记》曰：湘水之出于阳朔[4]，则觞为之舟；至洞庭[5]，日月若出入于其中[6]也。

选自《水经注·湘水》

作者：[北魏] 郦道元

咬文嚼字

❶ 湘：今称湘江，为流入洞庭湖的最大河流。❷ 漓：今称漓江，以风景优美著称。❸ 罗君章：即罗含，西晋耒阳人，字君章，累迁廷尉、长沙相等职，著有《湘中记》。❹ 阳朔：地名。在广西，以风景秀丽而驰名中外。❺ 洞庭：即洞庭湖，在湖南境内，为湖南众水之总汇。❻ 日月若出入于其中：语出曹操《观沧海》：“日月之行，若出其中；星汉灿烂，若出其里。”

古文今译

湘江和漓江的源头在一起，却分流为二水。南边的一支是漓水，北边的一支是湘水，流向东北。罗君章在《湘中记》中说：湘江在阳朔起源时，水量小得可以用酒杯当船。但当它流到洞庭湖时，却一片汪洋，连太阳、月亮都好像从水中升起似的。

知识面面观

“潇湘八景”

“潇湘”是湘江的别称，也特指潇水和湘江合流后的中游河段，自古就以江水清深、风景优美著称。到了宋朝，画家宋迪画了“潇湘八景”图，分别命名为《山市晴岚》《烟寺晚钟》《平沙落雁》《远浦归帆》《江天暮雪》《洞庭秋月》《渔村夕照》《潇湘夜雨》。这些画大多描绘的是湘江流域的自然山水景观。

江西的母亲河——赣江

赣（gàn）江是长江的主要支流，也是江西省最大的河流。源出武夷山，注入鄱阳湖，纵贯全省，是重要的交通枢纽和经济命脉，堪称江西省的“母亲河”。

郦道元生活在南北分裂时代，无法到赣江进行实地考察，但他还是通过大量文献对赣江进行了较为详细的了解。

滕王阁

在南昌市东湖区赣江与抚河故道交汇处，耸立着著名的滕王阁，“初唐四杰”之首的王勃曾在阁上挥毫写下《滕王阁序》，滕王阁遂与这篇千古名文一起闻名于世。

滕王阁始建于唐永徽四年（653年），为唐太宗李世民的弟弟滕王李元婴任洪州都督时建，以封号为名。它早在唐末就毁于大火，后人多次在故址上重建。今天的滕王阁为钢筋混凝土结构，上覆碧色琉璃瓦，气势雄伟，设计精巧，世称“西江第一楼”。

七鲤古镇

七鲤古镇位于赣州城东的贡江畔，已有两千余年的历史，曾是海上丝绸之路的重镇。如今的七鲤古镇保护和修复了上百处文物遗址和历史古迹，拥有万寿宫、状元祠、仙娘庙等景点，是赣州人心中重要的文化图腾。

赣州古浮桥

赣州古浮桥，又被称为东津桥、东河浮桥。这座800多年的古桥见证了赣州城的发展和变迁，是一张赣州市的历史名片，吸引着众多游客前来参观。

赣江风物优美、物产丰饶，对江西省的经济发展、人民生活、生态环境和文化传承都有着重要的影响。

原典精选

《山海经》曰：赣水出聂都山❶，东北流注于江，入彭泽❷西也。班固❸称南野县，彭水❹所发，东入湖汉水❺。庾仲初谓大庾峤水❻北入豫章，注于江者也。《地理志》曰：豫章水出赣县西南，而北入江。盖控引❼众流，总成一川，虽称谓有殊，言归一水矣。

选自《水经注·赣水》
作者：[北魏] 郦道元

咬文嚼字

❶聂都山：位于今江西崇义西南。章水出其下，山南为南源，山北为北源。❷彭泽：即彭泽县，在今江西湖口县东南。❸班固：东汉史学家，《汉书》的编纂者。❹彭水：发源于今江西赣州南康区境内。❺湖汉水：今赣江东源贡水。❻大庾峤水：亦名连水。即今广东南雄西北之凌江。❼控引：牵引，汇聚。

古文今译

《山海经》说：赣水发源于聂都山，往东北流，最后汇入江水，流经彭泽县的西部。班固说：南野县，彭水发源于此处，往东流注入湖汉水。庾仲初说：大庾峤水往北流入豫章，注入江水。《地理志》说：豫章水起源于赣县的西南部，向北流入长江。这条河接纳了很多支流，形成了一条大川，虽然名字不一样，但都指同一条河流。

庐陵的“进士村”

蜀口村位于赣江与蜀水的交汇处，是闻名江南的庐陵八大文化古村之一，四面环水，俗称蜀口洲。蜀口村是江西省历史文化名村，不仅是充满活力的旅游胜地，还具有深厚的人文底蕴。

在明清两朝，蜀口村的欧阳氏家族一共出了 21 名进士，是古代科举史上的奇迹，被称为“进士村”。今天村内还保存着大量古祠、古墓、古碑、古匾、古民居及名木古树等，展现出独特的魅力，其中以欧阳氏宗祠“崇德堂”最为壮观。

崇德堂

长江游玩要点

景点

- **武汉长江大桥：** 位于湖北武汉，是连接汉阳区与武昌区的过江通道，素有“万里长江第一桥”的美誉。
- **黄鹤楼：** 位于武汉市武昌区蛇山之巅，濒临长江，优美壮观。
- **三峡：** 包括瞿塘峡、巫峡、西陵峡，全长193千米，沿途奇峰陡立、峭壁对峙，风景美不胜收。
- **荆州古城：** 位于湖北省荆州市，是楚文化、三国文化的重要发祥地。
- **岳阳楼：** 位于湖南省岳阳市，下临洞庭湖，保持着清代原貌。
- **洞庭湖：** 洞庭湖是著名的“鱼米之乡”，附近有数不清的名胜古迹，是中国传统文化的重要发源地。
- **赤壁：** 位于湖北省赤壁市，是著名的“赤壁之战”的古战场。

美食

长江流域的美食有过桥米线、花溪牛肉粉、回锅肉、重庆烤鱼、清蒸武昌鱼、剁椒鱼头、庐山石鸡、臭鳜鱼、西湖醋鱼、松鼠鳜鱼等。

小贴士

1. 长江的水位受季节性影响显著。在雨季，长江水位可能会迅速上涨，应尽量避免在此期间游览。
2. 长江流域的天气变化无常，在游览前务必关注天气预报，并做好相应的准备。

跟着郦道元
游淮河

南北“界河”——淮河

我国的南方和北方以秦岭—淮河一线为界，其中淮河以南属于亚热带季风气候，淮河以北则属于温带季风气候。

郦道元通过实地考察，纠正了前人对淮河的一些错误认识，并记载了淮河的诸多奇观、美景。

清晏园

清晏园素有“江淮第一园”的美誉，位于江苏省淮安市清江浦区，是我国治水和漕运史上唯一保存完好的衙署园林。它既有北方园林的开阔，又有南方园林的玲珑。园内亭台楼阁错落有致，曲径长廊循环往复，四季花木繁郁茂盛，处处彰显着古典之美。

洪泽湖

洪泽湖位于江苏省西部淮河下游，是一个重要的淡水湖。湖畔具有浓郁渔家特色的“船帮宴”声名远播，每年吸引着大量游客前来观赏湖光山色，体验渔民文化。洪泽湖还是一个重要的生态保护区，是丹顶鹤、白鹳、黑鹳等珍稀候鸟的“中转站”和栖息繁殖地。

三汊河国家湿地公园

三汊河国家湿地公园位于安徽省蚌埠市淮上区西北，是一块保存较好的自然湿地，有一望无际的芦苇荡和野大豆、白尾鹞、红隼、小鸦鹃等珍稀动植物，周边区域还拥有丰富的人文资源。

淮河作为中国重要的河流，见证了华夏文明的发展，为子孙后代留下了宝贵的自然财富和文化遗产。

原典精选

淮水又迳义阳县故城南，义阳郡❶治也。世谓之白茅城，其城圆而不方。阚骃言：晋太始❷中，割南阳东鄙❸之安昌❹、平林❺、平氏❻、义阳四县，置义阳郡于安昌城。

选自《水经注·淮水》
作者：[北魏] 郦道元

咬文嚼字

❶ 义阳郡：三国魏文帝时置，属于荆州。治所在安昌县（今湖北枣阳南）。后来被废弃了。到了东晋末年，改义阳国，重新设置，移治义阳县（今河南信阳）。❷ 太始：即泰始。西晋武帝司马炎的年号（265—274 年）。❸ 鄙：边邑。❹ 安昌：即安昌县，西晋属义阳郡。❺ 平林：即平林县。三国魏置，治所在今湖北随县西南。❻ 平氏：平氏县。西汉置，治所在今河南桐柏县西北，西晋属义阳郡。

古文今译

淮水又流经义阳县故城南边，这是义阳郡的治所。世人称之为白茅城，城呈圆形而不方正。阚骃说：晋泰始年间，划出南阳郡东部边邑安昌、平林、平氏、义阳四县设置义阳郡，郡治在安昌城。

知识面面观

秦岭—淮河一线

秦岭—淮河一线是我国重要的地理分界线，将我国分为南方地区和北方地区。在这条线的两边，无论是自然条件、地理风貌、农业生产，还是人文景观及生活习俗，都有着明显的区别。例如，南边气候湿润，河流量大，农作物一年两至三熟；北边气候相对干燥，河流量小，农作物两年三熟或一年一熟等。

秦岭—淮河一线两边的村庄

人文荟萃的颍河

颍河，又名颍水，是淮河最大的支流，流经河南省和安徽省，是两省的重要水运线。

颍河上游是中华文明的重要发源地之一，那里土地肥沃、人口众多，到了郦道元生活的时代依然是人文荟萃（cuì）的地区。

“华夏第一都”

在颍河流经的城市中，有一座号称“华夏第一都”的历史文化名城，就是河南省禹州市。禹州古称阳翟、钧州、颍川等。阳翟是夏朝的都城，是大禹建立的，这也是禹州得名的由来。

今天的禹州市，拥有瓦店遗址、吴湾遗址等新石器时代文化遗址，想进一步认识夏朝，就不得不对这里进行深入的研究。

洄溜集

洄溜集位于安徽省阜阳市东南的颍河南岸，因此处

水流甚急，且旋转向西洄流而得名。在古代，这里设立有码头，商业鼎盛，是安徽北部重要的商品集散地。到了今天，这里仍有许多古建筑和老街，如洄溜老街等，充满了历史和文化气息。

八里河风景区

八里河风景区位于安徽省颍上县，分为鸟语林、西区、东区、十二花岛和明清苑五大景点，每个景点都有独特的景观。这里动植物资源丰富，雨量充沛，四季分明，是国家级水利风景区。

今天，颍河继续哺育着勤劳善良的中原人民，帮助他们创造更多的奇迹。

原典精选

颍水又东，五渡水[1]注之。其水导源密高县[2]东北太室东溪。县，汉武帝置，以奉太室山，俗谓之崧阳城。及春夏雨泛，水自山顶而迭相灌澍[3]，崿[4]流相承，为二十八浦[5]也。

选自《水经注·颍水》
作者：[北魏] 郦道元

咬文嚼字

❶ 五渡水：古水名，是颍水上游的一条支流，在今河南登封东南。❷ 密（chóng）高县：古县名，治今河南登封。❸ 灌澍（zhù）：灌注，倾泻。澍，通“注”，灌注。❹ 崿（è）：山崖。❺ 浦：水流。

古文今译

颍水又向东流，五渡水注入其中。五渡水发源于密高县东北太室山东溪。密高县是汉武帝时为奉祀太室山而设置的，俗称崧阳城。每逢春夏多雨时，一支又一支的山泉从山顶流下，崖水和溪流相接，形成二十八浦。

瓦店遗址

瓦店遗址位于河南省禹州市瓦店村，地处颍河西南，是一处新石器时代的遗址，也是龙山文化晚期面积最大的人类聚落遗址之一。考古学家在这里发现了大量建筑基址和奠基坑，出土了一些精美的陶器、玉璧、玉铲等。专家认为这里是一处夏朝早期的都邑性遗址。瓦店遗址的发现，让禹州这个“华夏第一都”又有了新的依据。

瓦店遗址出土的磨光黑陶觚

儒家文化渊源——泗河

泗河位于山东省中部，古称泗水，曾是淮河最大的支流，后因部分河道被京杭大运河占用而失去了这个地位。

郦道元大量描写了泗水之滨与孔子有关的历史典故和遗存，显示出他对这位圣贤的敬仰。

“逝者如斯夫”

泗河流经的山东省曲阜市，是孔子的故乡。孔子晚年时，他的政治理想依然没有实现，这让他心中充满无限憾恨。一天，他来到泗河边，看着奔腾的河水对弟子们说：“逝者如斯夫，不舍昼夜！”意思是说：时间也像这流水一样啊，昼夜不停地奔流。

泗河不仅哺育了孔子，儒家的宗圣曾子、亚圣孟子、墨家的创始人墨子等也出生于泗河流域。

泗水亭公园

泗水亭公园位于江苏省沛县，汉朝开国皇帝刘邦在这里担任过八年的泗水亭长，泗水亭公园就是为了纪念他而建造的。泗水亭公园面积不大，里面有乐沛堂、泗水亭等建筑。泗水亭中有一座石碑，碑上刻着班固写的《泗水亭铭》。公园内还有一口历经沧桑的古井，名为琉璃井。

泗水滨景区

泗水滨景区位于山东省泗水县，属于城市河湖型水利风景区。景区内生态环境优美，动植物众多，建有生态休闲区、文化休闲区、诗文广场、泗河渊源等景观，将泗水的山、河、泉、湖、林等自然景观和泗河文化、儒家文化、运河文化及现代城市文化相融合。

在古代文人心中，泗河是一条神圣的河流，因为至圣先师孔子曾在洙水和泗水之间传道授业。泗河所代表的好学、上进的精神，至今依然鼓舞着人们。

原典精选

《史记》《冢记》[1]、王隐《地道记》[2]，咸言葬孔子于鲁城北泗水上。今泗水南有夫子冢[3]。《春秋孔演图》[4]曰：乌化为书，孔子奉以告天，赤爵[5]衔书，上化为黄玉，刻曰：孔提命[6]，作应法[7]，为赤制[8]。

选自《水经注·泗水》

作者：[北魏] 郦道元

咬文嚼字

❶《冢记》：当为《冢墓记》，具体不详。❷ 王隐《地道记》：王隐为西晋人，字处叔，陈县（今河南淮阳）人，撰有《晋书》，今已亡佚。《地道记》即《晋书地道记》。❸ 夫子冢：在今山东曲阜北。❹《春秋孔演图》：撰者不详。❺ 赤爵：红色的鸟。爵，通“雀”。❻ 提命：耳提面命。❼ 应法：相应的法规。❽ 赤制：指汉朝的国运。

古文今译

《史记》《冢记》、王隐的《地道记》都说孔子被安葬在鲁城北面的泗水上。现在，泗水的南边就是孔子的墓地。《春秋孔演图》说：一只乌变成了书，孔子手里拿着这本书向天祈祷。这时，一只红雀飞到书上，接着变成了一块黄玉，上面刻着：孔子受天命，制定法规，确定国家命运的期限。

知识面面观

“三孔”

孔子死后葬在泗水之畔，他的后人世世代代居住在墓侧，逐渐形成了规模庞大的孔府，号称“天下第一家”；孔庙是以孔子故居为基础重建的庙宇建筑群，规模宏大；孔林是孔子及其后裔的家族墓地，有十余万株各类树木，庄严肃穆。孔府、孔庙、孔林统称“三孔”，是中国历代纪念孔子、儒客朝拜的圣地。

“三孔”

淮河游玩要点

景点

- **白乳泉风景区：** 位于安徽省怀远县，景区内有白乳泉公园、大禹像、七泉居等景点。
- **涂山风景区：** 位于安徽省蚌埠市禹会区，是传说中大禹劈山导淮、召会诸侯、娶妻生子的地方。
- **萤火虫水洞：** 位于山东省沂水县西南沂蒙山区，是一个常年能看到萤火虫的神秘的地下世界。
- **淮河文化主题园：** 位于河南省淮滨县，河道蜿蜒曲折，两岸郁郁葱葱，复制了众多淮河沿岸的地标性建筑。
- **淮河国家湿地公园：** 位于湖北省随州市，河水清澈、草木葱茏，风景优美。

美食

淮河流域的美食有徽州酥饼、符离集烧鸡、凤阳酿豆腐、三套鸭、水晶肴肉、蟹粉狮子头、文思豆腐、鱼咬羊、清炖元鱼等。

小贴士

1. 淮河流域有许多特色商品值得购买。例如山东的丝绸、安徽的茶叶和工艺品等。但在购物时，要注意选择正规的商家。
2. 淮河流域是中国文化的发祥地之一，有着悠久的历史和深厚的文化底蕴。在游览时，可以参加当地的民俗活动、戏曲演出等文化活动，深入了解当地的文化特色。

跟着古人
游中国

跟着沈括游览四方美景

瑾　言◎主编

应急管理出版社
·北　京·

图书在版编目（CIP）数据

跟着沈括游览四方美景 / 瑾言主编. -- 北京 : 应急管理出版社，2025. --（跟着古人游中国）. -- ISBN 978-7-5237-0892-7

Ⅰ. K928.9-49

中国国家版本馆 CIP 数据核字第 20249FZ654 号

跟着沈括游览四方美景

主　　编	瑾　言
责任编辑	郭浩亮
封面设计	彭明军
出版发行	应急管理出版社（北京市朝阳区芍药居 35 号　100029）
电　　话	010-84657898（总编室）　010-84657880（读者服务部）
网　　址	www.cciph.com.cn
印　　刷	天津泰宇印务有限公司
经　　销	全国新华书店
开　　本	710mm×1000mm 1/16　**印张**　24　**字数**　240 千字
版　　次	2025 年 2 月第 1 版　2025 年 2 月第 1 次印刷
社内编号	20230578　　**定价**　128.00 元（共六册）

前言

中国这片辽阔的大地上，拥有无数的自然景观与人文景观，从连绵起伏的山脉到蜿蜒曲折的河流，从一碧万顷的湖泊到古色古香的亭台楼阁……每一处景观都向我们展示着中华大地深厚的文化底蕴。

古时，文人墨客也会慕名游览名胜景观，并写下一篇篇佳作。那么，在他们的笔下这些景观又呈现出怎样的风貌呢？在我们编写的这套《跟着古人游中国》里，你会得到一些答案。

你可以跟着大旅行家徐霞客漫游华夏大地，欣赏鬼斧神工的“象鼻山”奇景，远眺银装素裹的玉龙雪山；跟随张骞的足迹，在河西走廊欣赏七彩的丹霞地貌，在帕米尔高原对抗凛冽的寒风；也可以一边吟诵谢灵运的优美词句，一边饱览我国的秀丽山水……

除了徐霞客、张骞、谢灵运，我们还请了郑和、沈括和郦道元当“导游”，并通过对他们足迹的记述，将祖国壮美的河山浓缩在笔端，展开一幅幅生动的历史画卷。这套书不仅是一部旅行指南，更是一部文化百科全书。无论你喜欢自然风光，还是对历史文化感兴趣，都能在这套书中找到乐趣。不仅如此，书中的旅游攻略板块还介绍了当地的美景、美食，并附有出行小贴士，为你日后的旅行做准备。

现在，让我们翻开这套《跟着古人游中国》，跟随先贤的脚步来一次跨越时空的旅行吧。

目录

跟着沈括
游河南

沈括（1031—1095），北宋科学家、政治家。博学多闻，于天文、地理、典制、律历、音乐、医药等都有研究。晚年居润州，筑梦溪园（在今江苏镇江东），代表作《梦溪笔谈》。

学士院与翰园碑林

沈括曾在北宋的都城——东京开封府的学士院（又称翰林学士院）工作过一段时间，还担任过翰林学士（皇帝的秘书和参谋），因此，他对学士院有着很深的感情。

岁月变迁，当年的学士院已经毁于战火，今天，人们在其不远处建立了翰园碑林，希冀好学不倦的翰林精神也被传承下来。

环境幽雅

北宋前期，学士院位于皇城外东南方向。元丰改制后，学士院被移到了皇城内。根据史书记载，学士院屋舍宽敞、环境幽雅，墙壁上有董羽、巨然等宋初著名画家画的山水画。学士院中央的正厅为玉堂，玉堂之外还有一些宿舍。东阁是学士院长官的居所，西阁和玉堂后面的房子是其他官员的居所。

槐厅逸事

槐厅在学士院中占有重要地位，因第三厅学士阁门前长着一棵巨大的槐树而得名。当时，由于人们传说住在槐厅里的翰林学士容易升任宰相，因此，大家争先恐后地往槐厅里“挤”，甚至有人搬出别人的行李，强行住在里面。

落幕与新生

北宋灭亡后，金人占领了东京，将皇城建筑付之一炬，学士院也未能幸免。曾经人声鼎沸，居住过欧阳修、苏轼、王安石、沈括、司马光等杰出人物的开封学士院从此退出了历史舞台。后来，南宋政权又在临安（今浙江杭州）建立了学士院。

今天，在北宋皇城旧址的旁边，建立起了一座翰园碑林，那里竖立着大量古今碑刻。徜徉碑林，欣赏着古人的诗词、书画和碑刻艺术，我们仿佛又回到了千年以前的学士院，与沈括等先贤们谈笑风生，聆听他们的教诲。

原典精选

学士院第三厅学士阁子，当前有一巨槐，素号“槐厅”。旧传居此阁者，多至入相❶。学士争槐厅，至有抵彻❷前人行李而强据之者。余为学士时，目观此事。

选自《梦溪笔谈·卷一》

作者：[宋] 沈括

咬文嚼字

❶入相：担任宰相。❷彻：搬出。

古文今译

在学士院第三厅学士阁前面，有一棵巨大的槐树，向来有“槐厅”之称。过去有传言，住在槐厅的人，多数能升任宰相。于是翰林学士们争着住进槐厅，甚至有人到任后搬出前人的行李强行入住。我担任翰林学士时，亲眼见过这种事。

知识面面观

“文翰之林”——翰林院

翰林院是唐玄宗时设置的宫廷供奉机构，集中了大量在文学、占卜、医术、琴棋书画等方面有卓越才能的人，陪皇帝游宴娱乐。后来，翰林院逐渐成为皇帝起草密诏的重要机构。宋代，翰林院的职能由学士院继承。

黄金水道——汴河

汴河又称通济渠，是中国古代劳动人民创造的一项伟大工程，也是北宋促进经济发展的黄金水道。

熙宁年间，为了疏浚汴河，沈括受命对汴河进行地势测量。他发明了“分层筑堰（yàn）”法，获得了相当精准的数据，在世界水利史上是一个创举。这次测量，也让汴河的疏浚得以迅速完成。

汴河与隋堤

“尽道隋亡为此河，至今千里赖通波。”这两句诗出自晚唐诗人皮日休的《汴河怀古》。汴河是隋炀帝于公元605年征调百万民夫，在前人沟渠的基础上疏浚而成的，也是名扬古今的隋唐大运河的首期工程。汴河将黄河与淮河连接起来，成为连通洛阳与扬州的交通大动脉。

隋唐时期，汴河称通济渠。它水面阔四十步，能让大船通过；两岸的河堤被称为隋堤，种满榆树、柳树、桃树等，供船上的人游赏；河堤上每隔一段距离还有供行人休息的地方。

隋炀帝曾乘着豪华无比的龙舟在通济渠中徜徉，欣

赏着隋堤美景，丝毫不顾及沿途百姓开河、拉纤、供奉衣食的辛苦。唐朝诗人因此创作了许多描写隋堤的诗歌，一方面赞扬隋堤之美，另一方面讽刺隋炀帝的骄奢淫逸。例如大诗人白居易就在《隋堤柳》中写道：“二百年来汴河路，沙草和烟朝复暮。后王何以鉴前王？请看隋堤亡国树。”

北宋的生命线

北宋时期，粮食、赋税、军需物资等都要通过汴河从江南运到开封。如果没有汴河，北宋也不会考虑在开封建都。可以说，汴河是北宋的建国之本和国家的生命线。

史料记载，宋真宗天禧三年（1019年），通过汴河运送的粮食达八百万石（四十余万吨），这也是北宋漕运的最高纪录。

汴河淤塞

元朝末年，黄河决口，汴河淤塞，从此汴河黯然退出了历史舞台。今天，人们还能找到几段残存的汴河河道，这些河道已成为世界文化遗产。

今天人们去汴河遗址，依稀可以看出当年汴河沿岸建筑密集、贸易繁荣的盛况，它丝毫不亚于《清明上河图》中描绘的场景。

原典精选

熙宁中，议改疏洛水入汴。余尝因出使，按行[1]汴渠，自京师上善门[2]量至泗州[3]淮口，凡八百四十里一百三十步。……汴渠堤外，皆是出土故沟，水令相通，时为一堰[4]节其水，候水平，其上渐浅涸，则又为一堰，相齿如阶陛[5]。乃量堰之上下水面相高下之数，会之乃得地势高下之实。

选自《梦溪笔谈·卷二十五》

作者：[宋] 沈括

咬文嚼字

❶ 按行：巡行，巡视。❷ 上善门：北宋开封府北部城门之一，是汴河的排水门。❸ 泗（sì）州：历史地名，辖地包括今天的安徽泗县、天长、江苏泗洪、盱眙等地。❹ 堰：挡水的堤坝。❺ 阶陛：台阶。

古文今译

熙宁年间，朝廷讨论疏导洛水入汴河的事宜。我因此奉命勘察汴河，从京城的上善门一直测量到泗州淮口，共八百四十里零一百三十步。……汴河的堤坝外，都是以前挖土后留下的沟，让这些沟和汴河连通，隔一段距离就筑一道堤坝来拦截沟中的水；沟中的水保持水平后，就在其上游水浅的地方再筑一道堤坝，各堤坝像台阶一样依次排列。测量堤坝坎上下水面的高度差，各堤坝高度差之和就是汴河地势高低的结果。

知识面面观

大运河

我国人民从先秦时期就开始开凿运河，如春秋时期开凿的邗（hán）沟，战国时期开凿的鸿沟，秦朝开凿的灵渠，汉朝开凿的白沟等。到了隋朝，好大喜功的隋炀帝下令在短期内利用前人的运河，开凿四段大运河，将北方的涿郡（今北京）和南方的余杭（今浙江杭州）连为一体，蜿蜒五千余里。后人不断对大运河进行疏浚，元、明、清时期更是将河道取直，不再绕道洛阳，大大缩短了运输距离。

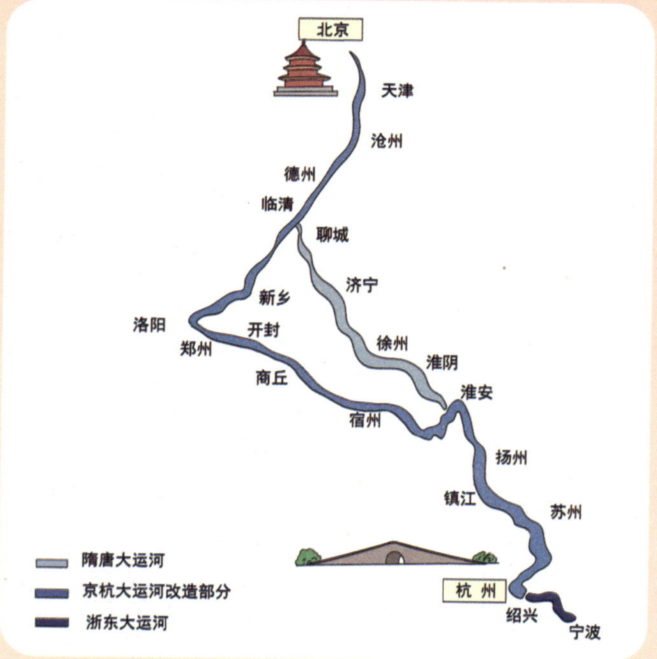

大运河示意图

走进大相国寺

大相国寺相传为“战国四公子”之一的信陵君的故宅，南北朝时期辟为寺院，原名建国寺，唐睿宗时更名为大相国寺（睿宗继位前被封为相王）。北宋时期，大相国寺的规模和建筑艺术均发展至巅峰，史称“金碧辉煌，云霞失容”。沈括也曾多次来到大相国寺，里面西塔的建造还与他有一些渊源呢。

皇家寺院

北宋皇帝对大相国寺非常重视，寺里的住持都是由皇帝亲自任命的。每逢皇帝过生日，大臣们就会请大相国寺的和尚们一起诵经，为皇帝祈福祝寿。国家有了水旱灾害，皇帝都会亲自去大相国寺祈祷。皇帝还常常在大相国寺大摆宴席，招待朝廷重臣。

铜罗汉与壁画

当时，大相国寺里有五百尊铜罗汉，令人目不暇接。另外，大相国寺的壁画也非常著名，这些壁画大多位于大相国寺大殿两侧的长廊内，出自当时顶尖画家高益、燕文贵、孙梦卿、高文进、崔白等人之手。

热闹非凡的庙会

北宋时期，大相国寺每个月会开放庙会数次，这所庞大的寺院可容上万人做生意，来参观和购物的人就更多了，史称“千乘万骑，流水如龙”。寺里出售的货物有珍禽异兽、家庭用品、笔墨纸砚、各类书籍和首饰等。不仅如此，庙会期间还会有杂技和戏剧等节目，当地人非常喜欢到大相国寺观看这些表演。

今天，大相国寺经过千年风雨，早已没了当年的光景。走进大相国寺，我们能欣赏到天王殿、大雄宝殿、八角琉璃殿、藏经楼、千手千眼佛等古迹，可惜曾经供奉佛牙的西塔早已与佛牙一道消失在历史的洪流中。

原典精选

熙宁中，予察访过咸平❶，是时刘定子先❷知县事❸，同过一佛寺。子先谓余曰："此有一佛牙，甚异。"……余到京师，盛传于公卿间。后有人迎至京师，执政官❹取入东府❺，以次流布士大夫之家。神异之迹，不可悉数。有诏留大相国寺，创造木浮图❻以藏之，今相国寺西塔是也。

选自《梦溪笔谈·卷二十》

作者：[宋] 沈括

咬文嚼字

❶ 咸平：今河南通许。❷ 刘定子先：刘定，字子先，具体事迹不详。❸ 知县事：担任知县，为一县的长官。❹ 执政官：指宰相。❺ 东府：宰相的居所。❻ 木浮图：木塔。

古文今译

熙宁年间，我担任察访使期间路过咸平县，当时的知县是刘子先，他陪我参观了一座佛寺。子先对我说："寺中有一颗佛牙，神异极了。"……我到京师之后，公卿士大夫之间盛传着这件事。后来有人将佛牙迎到京城，宰相将它带到了自己的居所，又在士大夫的家中流传。各种神异的迹象，数不胜数。皇帝下诏将佛牙留在大相国寺，并建造了一座木塔来收藏它，这座木塔就是现在大相国寺的西塔。

知识面面观

《水浒传》里的大相国寺

在四大名著之一的《水浒传》中，“鲁智深倒拔垂杨柳”的故事生动精彩，流传千古，故事发生的地点就是大相国寺的菜园子。在那里，鲁智深的惊人之举，将他的天生神力和豪爽个性展现得淋漓尽致，让读者印象深刻。虽然这段故事是小说家虚构的，但大相国寺还是特意塑造了一座“鲁智深倒拔垂杨柳”的塑像，来这里旅游的人都会跟塑像合照。

鲁智深倒拔垂杨柳

河南游玩要点

景点

- **龙门石窟：** 位于洛阳市南郊，是世界上规模最大、造像最多的石刻艺术宝库。
- **殷墟：** 位于安阳市西北的小屯村一带，是商王朝旧都，发掘了大量宫殿、陵墓等的遗迹，以及大批珍贵文物，特别是刻有文字的甲骨，有无与伦比的价值。
- **少林寺：** 位于登封市嵩山腹地少室山上，是禅宗祖庭，以少林拳术著称。寺内有石刻、壁画、金属铸器等珍贵文物。
- **清明上河园：** 位于开封市，是根据名画《清明上河图》复原出的主题公园，反映了北宋的建筑风貌与风土人情。
- **汤阴岳飞庙：** 位于汤阴县，多为明朝建筑，内有岳飞纪念馆、精忠坊、岳王殿等建筑。
- **太行大峡谷：** 位于安阳市林州石板岩乡，谷内群峰峥嵘、森林茂密，有桃花谷、王相岩、太行天路等著名景观。

美食

河南的美食有烩面、胡辣汤、道口烧鸡、桶子鸡、偃师银条、信阳板鸭、洛阳水席、濮阳壮馍、开封灌汤包、黄河大鲤鱼等。

小贴士

1. 河南大部分地区四季分明，夏天温度很高，冬天温度很低，需要准备好应季衣物。
2. 去热门景点时，需提前预约，以免白跑一趟。

跟着沈括
游河北

沧海桑田太行山

北宋熙宁七年（1074年），沈括担任河北西路察访使。他到任之后，研究军事，四处考察国防状况，工作之余还登上了太行山，进行科学考察。

太行山自然风光独特，山体巍峨壮观，峡谷、瀑布、森林等景观丰富多彩。

“八百里太行”

太行山北起今北京市西南的拒马河谷，南至山西、河南边境的黄河沿岸，跨越北京、河北、山西、河南四省

区，绵延400余千米，号称“八百里太行”。太行山整体呈现东部陡峭、西部缓斜的地貌形态，是黄土高原和华北平原的分界线。

太行山崖壁陡直、峡谷幽深、群峰巍峨，山上遍布嶙峋的怪石，是中原大地上一道难以逾越的屏障。

京娘湖

京娘湖又称口上水库，位于邯郸市武安市太行山大峡谷西北部山区的口上村北处，居太行山脉腹地。据史料记载，这里曾是赵匡胤千里送京娘的地方，因此而得名。京娘湖湖面呈倒“人”字形，东西两支各长3公里左右。这里山环水绕，层峦叠嶂，群峰竞秀，赤壁丹崖，川谷深幽，林木茂盛，色彩斑斓，波光粼粼，是一处神奇的佳山秀水，也是旅游和避暑的胜地。

苍岩山

苍岩山风景区位于河北省石家庄市西南井陉县境内，素有“五岳奇秀揽一山，太行群峰唯苍岩”之誉。苍岩山海拔1000米，景色秀美，古迹众多，有公主祠、福庆寺、桥楼殿、万仙堂、苍山书院等古迹。苍岩山风景区以“三绝”“一奇”“十六景”“七十二观”扬名。相传，隋炀帝的女儿南阳公主于此山中的福庆寺出家，一说此处为隋炀帝的女儿妙阳公主修行之所。

原典精选

余奉使河北，边太行而北，山崖之间，往往衔螺蚌壳及石子如鸟卵者，横亘（gèn）石壁如带。此乃昔之海滨，今东距海已近千里。

选自《梦溪笔谈·卷二十四》

作者：[宋] 沈括

古文今译

我奉命担任河北西路察访使，沿着太行山往北走，发现山崖间常常镶嵌着螺壳、贝壳和鸟蛋一样的石子，它们像条带子一样横在石壁上。可见此处以前是海滨，如今距大海已经有千里远了。

知识面面观

太行山的形成

大约在18亿年前的地质构造活动——吕梁运动中，太行山的雏形就开始形成了，这一时期形成了红色峰石岩，还形成了号称“万丈红绫”的赤壁长崖。大约在6亿年前，太行山地区还是一片汪洋。随着一次次的地壳运动，海水逐渐退去，太行山则逐渐隆起。从距今7000万年的新生代开始，由于喜马拉雅造山运动，太行山强烈隆起，山前的华北平原快速陷落，又经过数百万年的锤炼，太行山终于形成了。

华北明珠白洋淀

白洋淀位于河北省中部，由大小百余个淀泊组成，是河北省最大的湖泊。这里水域辽阔、物产丰富、风景秀丽，有“北国江南”“华北明珠”的美誉。

北宋熙宁八年（1075年），沈括奉命出使辽国，来到了宋辽边境雄州（今河北雄县）。在那里，他看到了辽阔的白洋淀，还听到了很多有关白洋淀的历史。

白洋淀的历史

北宋初期，白洋淀一带有大量大小不等的淀泊。由于这一带是宋辽边境，又无险可守，于是守将便暗中开掘淀

泊，将其连成一片，形成白洋淀湖泊群。此湖泊群有力地阻挡了契丹骑兵的南犯，还给当地百姓带来了福利，让他们得以依靠鱼、蟹、茭（jiāo）白等水产谋生。

荷花大观园

荷花大观园占地约133万平方米，这里的荷花品种繁多而美丽，有百顷荷花塘、十里环园路、千丈赏花桥、万米船航道等景点，景色雅致而奇特。园内有“五区”（迎宾区、采莲区、观景区、服务区、餐饮区）、“四园”（精品荷园、垂钓园、静心园、民俗园）、“三港”（泊船港、观鱼港、休闲港）、“两滩”（沙滩浴场和休闲滩）、“一山”（观景山）。

今天的白洋淀拥有100多个淀泊、数十个岛屿和6000多万平方米芦苇及荷花，物产丰富、风景秀丽，是旅游、避暑、度假的胜地。

原典精选

瓦桥关❶北与辽人为邻，素无关河为阻。往岁六宅使❷何承矩❸守瓦桥，始议因陂泽❹之地，潴水❺为塞。欲自相视，恐其谋泄。日会僚佐，泛船置酒赏蓼花，作《蓼花游》数十篇，令座客属和；画以为图，传至京师，人莫喻其意。……于是自保州西北沈远泺❻，东尽沧州泥枯海口，几八百里，悉为潴潦❼，阔者有及六十里者，至今倚为藩篱❽。

选自《梦溪笔谈·卷十三》

作者：[宋] 沈括

咬文嚼字

❶ 瓦桥关：古代关隘，在今河北雄县西南、白洋淀之北。❷ 六宅使：原为诸王府宅邸的管理者，后成为武臣暂时的职务。❸ 何承矩：字正则，曾任雄州知州，抵御契丹。❹ 陂（bēi）泽：泛指沼泽。❺ 潴（zhū）水：蓄水。❻ 泺（pō）：通“泊”，湖泊，水塘。❼ 潦（lǎo）：积水。❽ 藩（fān）篱：屏障。

古文今译

瓦桥关北部靠近辽国，素来没有防守的雄关、大河。往年六宅使何承矩镇守瓦桥关，才开始计议利用当地沼泽，蓄水以为要塞的事宜。他想亲自视察地形，又怕计谋泄露。于是每天和幕僚聚会，乘船游玩，摆上酒席，观赏蓼花，作数十篇《蓼花游》让宾客和诗，还画成画传到京城，谁都不明白他的用意。……于是从保州西北的沈远泺，向东直至沧州的泥沽海口，将近八百里都成了湖泊，宽阔的地方可达六十里，至今仍是重要的屏障。

知识面面观

不同的湖泊

地表洼地积水形成的比较宽广的水域，就是湖泊。

按成因，湖泊可分为构造湖、火口湖、冰川湖、堰塞湖、喀斯特湖、风蚀湖、人工湖等；按泄水情况，分为排水湖和非排水湖；按盐度高低，分为淡水湖、咸水湖。

另外，湖泊大小不一、形态各异，因此也有了不同的叫法。例如淀（指较浅的湖，现在已经很少有湖以淀命名了，其代表就是白洋淀）、潭（比湖面积小，但比湖深，著名的有日月潭、桃花潭、玉渊潭等）、荡（比湖浅，芦苇或水草很多，著名的有黄天荡、芦苇荡等）、泊（水较浅，且水面几乎没有水草等，著名的有梁山泊、罗布泊等）、淖（nào）尔（蒙古语对湖泊的称呼，著名的有库伦淖尔、腾格淖尔等）等。

湖泊形成示意图

河北游玩要点

景点

✔ **避暑山庄**：位于承德市，是清朝皇室避暑的行宫，集古代造园艺术和建筑艺术之大成。

✔ **清东陵、清西陵**：清东陵位于遵化市，清西陵位于易县，均为规模宏大、保存完整的清代帝王及其后妃的陵墓群。

✔ **北戴河**：位于秦皇岛市，生态环境良好，是著名的疗养胜地，也是鸟类的乐园。

✔ **山海关**：位于秦皇岛市，有“天下第一关”之誉，依山临海、气势雄浑。

✔ **赵州桥**：位于赵县，是世界上现存年代久远、跨度最大、保存最完整的单孔坦弧敞肩石拱桥。

✔ **女娲宫**：位于涉县中皇山上，是传说中女娲抟土造人、炼石补天之处，也是奉祀女娲的历史文化遗存最多的地方。

美食

河北的美食有驴肉火烧、二毛烧鸡、香河肉饼、牛肉罩饼、五百居香肠、广府酥鱼等。

小贴士

1 河北旅游景点较为分散，如果想游览多个景点，需要合理安排行程。

2 河北南部与北部温差较大，如果旅游地跨度大，要准备充足的衣物。

跟着沈括
游陕西

探寻大明宫遗址

今天的陕西省省会西安市，曾是十三个封建王朝的都城。隋唐时期是西安的鼎盛时期。当时的西安又叫作长安，是这两个庞大帝国的中心，也是当时世界上的大城市之一。

位于长安北侧龙首原上的大明宫，是一个面积庞大的宫殿建筑群，也是大唐王朝的政治中心和国家象征。

崛起于龙首原

隋唐时期，象征着北极星的皇宫——太极宫被安排在长安城北部的中央位置。出人意料的是，此处是城中最低的一块洼地，存在着夏季潮湿而燥热的缺陷。唐贞观八年（634年），唐太宗李世民为使年事已高的太上皇李渊安然度夏，“以备清暑”，在“龙首原”这个地方正式启动了浩大的永安宫建设工程，这就是大明宫的前身。唐高宗时期，常年居住在太极宫的皇帝李治不堪忍受风湿病的折磨，再次修建大明宫。不到一年的时间，就修成了号称

“千里之宫”的大明宫建筑群。从此，大唐皇室便从太极宫迁到了大明宫。

唐代，太极宫、兴庆宫和大明宫三座宫殿都位于龙首原上，组成了当时世界上最大的宫殿建筑群。

大明宫

大明宫是唐朝的正宫，由三座宏大的正殿、十余个中央官署、三十多个便殿和众多精巧异常的亭、台、楼、阁、池、苑组成，结构独特、豪华壮丽，无论是造型还是规模都是空前绝后的。其中，举行大型庆典的含元殿、处理机密事宜的紫宸殿、舒适优美的太液池等，都在史书上留下了深深的印记。

奇特的肺石

据史书记载，含元殿前放置着一块赤色的石头，形如人的肺脏，被称为肺石。百姓遇到不平事时，只要敲击肺石（一说立于石上），就会有官员来见他，倾听他的诉求。

唐朝灭亡后，大明宫被破坏殆尽，在历史的长河中销声匿迹了。沈括来到这里时，幸运地看到了这块肺石，并将其与历史悠久的登闻鼓制度联系起来，记入自己的著作中。今天，大明宫遗址依然以其宏伟的建筑、厚重的文化吸引着大量游客。

原典精选

长安故宫阙（què）前，有唐肺石尚在。其制如佛寺所击响石而甚大，可长八九尺，形如垂肺，亦有款志，但漫剥❶不可读。按《秋官·大司寇》❷："以肺石达穷民。"原其义，乃伸冤者击之，立其下，然后士❸听其辞，如今之挝❹登闻鼓❺也。所以肺形者，便于垂。又肺主声❻，声所以达其冤也。

选自《梦溪笔谈·卷十九》

作者：[宋] 沈括

咬文嚼字

❶漫剥：因剥蚀脱落而模糊不清。❷《秋官·大司寇》：指儒家经典著作《周礼》中的《秋官司寇第五》一篇。❸士：指士大夫，对各级官员的统称。❹挝（zhuā）：敲打。❺登闻鼓：悬挂在朝堂外的大鼓。❻肺主声：古人认为肺气鼓动声带才发出声音。

古文今译

在长安宫殿的遗址前，保留着一块唐代的肺石。它的形制就像寺院中用来敲击的响石，但比响石大，长有八九尺，形状像垂下的肺，上面有文字，但已经因剥蚀脱落、模糊不清而无法阅读了。按照《秋官·大司寇》的记载："用肺石传达无依无靠的百姓的意见。"推究其义，就是让有冤屈的人敲击，敲完后就站在肺石下，然后就有官员来听他的诉求，就像现在敲登闻鼓一样。之所以选择肺状的石头，主要是便于垂挂。此外，肺负责发声，声音则可以表达冤屈。

知识面面观

登闻鼓制度

早在周代，王室就在王宫之外设置了路鼓，有冤屈者可以敲打路鼓，声音传到王宫之内，相关人员会出来听他的诉求。到了三国时期，路鼓改称登闻鼓，后世都沿用这一称呼。宋朝还专门设置了登闻鼓院来受理百姓的申诉。明清时期，登闻鼓制度名存实亡。肺石的作用与登闻鼓一样，但影响远不及登闻鼓。

登闻鼓

壮美的延安

北宋元丰三年（1080年），沈括被任命为延州知州兼鄜（fū）延路经略安抚使，来到了北宋的西部边境延州。

延州主要辖境是今天的延安市。延安风景秀丽，又有大量的人文景观，是中华民族重要的发祥地。在中国近代史上，延安也是中国革命圣地，是延安精神的发源地。

黄帝陵

黄帝陵是轩辕黄帝的陵寝，位于延安市黄陵县城北的桥山上。桥山是华夏族的发祥地，有华夏人文始祖黄帝的陵墓，因此历代王朝的帝王均会在此举行盛大的国家大祭。黄帝陵中有八万余株千年古柏，陵前的“黄帝手植柏”距今已有五千余年，相传为黄帝亲手所植，是世界上最古老的柏树。

乾坤湾蛇曲

在延川县城东南部的秦晋大峡谷内，有一个S形的黄河大转弯，就是乾坤湾蛇曲。在这里，黄河一改奔腾咆哮的气势，蜿蜒流淌，形成一个320度以上的大转弯，展现出了母亲河的阴柔之美。

太和山

太和山又叫清凉山，位于延安城北的延河岸上，与凤凰山和宝塔山隔河相望，素有“三山鼎力，太和为首”之称。山上有保存完好的隋唐至清代的各种石窟，其中万佛洞最大，窟内四壁雕刻有万余尊神态各异的大小佛像。另外，山顶上有太和宫，西侧有桃花洞、尸毗岩，山腰有水照延安、琵琶桥、月儿井、琉璃塔等多处风景名胜。

毛主席等老一辈无产阶级革命家曾在延安生活和战斗，领导全国人民赢得抗日战争和解放战争的伟大胜利。延安是全国爱国主义、革命传统和延安精神三大教育基地，有着“中国革命博物馆城”的美誉。

原典精选

近岁延州永宁关❶大河岸崩，入地数十尺，土下得竹笋一林，凡数百茎，根干相连，悉化为石。适有中人❷过，亦取数茎去，云欲进呈。延郡素无竹，此入在数十尺土下，不知其何代物。无乃旷古以前，地卑气湿而宜竹耶？婺州❸金华山有松石，又如核桃、芦根、地蟹之类，皆有成石者，然皆其地本有之物，不足深怪。此深地中所无，又非本土所有之物，特可异耳。

选自《梦溪笔谈·卷二十一》

作者：[宋] 沈括

咬文嚼字

❶永宁关：今陕西延川东南的延水关。❷中人：皇宫中服侍的人，即宦官。❸婺（wù）州：今浙江金华。

古文今译

近年来延州永宁关的黄河堤岸崩塌，在地下数十尺的地方，发现了成片的竹笋，共有数百茎，竹根与竹竿相连，都化成了石头。正好有宦官路过这里，就拿走了几株，说要献给皇帝。延州自古以来都没有竹子，这些埋在几十尺深的地下的竹笋，不知是什么年代的。难道在远古时代，这里地势低洼、气候湿润，适宜竹子生长吗？婺州金华山有松树化石，此外如核桃、芦根、地蟹之类的都有化石留存，但全都是当地本来就有的东西，不足为奇。这次发现了不是生长在很深的地下的东西，也不是当地原有的植物，所以我感到特别奇怪。

知识面面观

新芦木

新芦木是一种生活在中生代的蕨类植物，生长在地势低洼、潮湿的环境中，世界各地均有分布。我国的新芦木品种主要生活在三叠纪到侏罗纪中期。新芦木茎分节、中空，叶细长、呈线形、单脉，化石与竹子颇为相似。从沈括在延州发现新芦木化石这事件可以看出，延安一带曾经遍布新芦木。

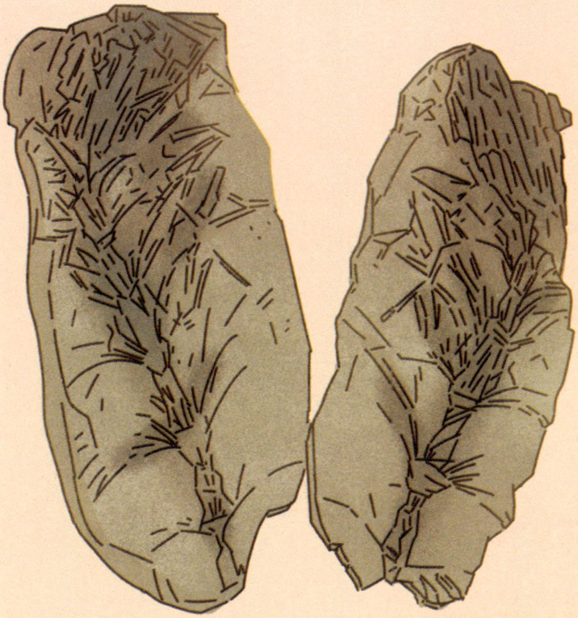

新芦木化石

物华天宝鄜延路

路是北宋的行政区域名，而鄜延路管辖的区域大致在今宜君县、黄龙县、宜川县以北，吴堡县、白于山以南。

沈括担任延州知州兼鄜延路经略安抚使期间，改善了这一区域的边防状况，使得延州的声威远超附近州府。沈括在鄜延路还有一个在当时看来不值一提，但在今人看来却是石破天惊的发现——石油。

鄜延石油

沈括听说延河东岸发现了一种可燃的“脂水”，被用来当灯油，但其烟特别浓。沈括特意收集了“脂水”燃

烧后的烟灰，将其制成了品质上佳的墨。他为其取名为“石油”，并敏锐地意识到它日后必将大行于世。今天，沈括的预言果然成为现实，他发现的“石油”在全球范围内得到了广泛的应用。

壮观的壶口瀑布

鄜延路辖境内有一个享誉中外的著名景点——壶口瀑布。壶口瀑布是一个特大的金黄色的马蹄形瀑布，是黄河唯一的一个黄色大瀑布。壶口瀑布落差约20米，宽度最大时可达千余米，最大瀑面3万平方米。

以壶口瀑布为中心的风景区，集黄河峡谷、黄土高原、古塬（yuán）村寨为一体，展现了黄河流域壮美的自然景观和丰富多彩的历史文化积淀。

其他景观

云梦山相传是鬼谷子隐居的地方，孙膑、庞涓曾在这里跟随鬼谷子学习。这里山势高峻、林木苍翠，每到夏季云蒸雾绕，魅力十足。吴堡石城是汉朝时建的军事堡垒。它坐落在石山之巅，随山形地势而建，保存得非常完整，文物价值极高。

鄜延路辖境内还有黄龙小寺庄石窟、白于山等风景名胜，都值得我们游览一番。

原典精选

鄜延境内有石油，旧说“高奴县❶出脂水”，即此也。生于水际，沙石与泉水相杂，惘惘❷而出，土人以雉尾裛❸之，乃采入缶❹中。颇似淳❺漆，然❻之如麻❼，但烟甚浓，所沾幄（wò）幕皆黑。余疑其烟可用，试扫其煤以为墨，黑光如漆，松墨❽不及也，遂大为之，其识文为“延川石液”者是也。此物后必大行于世，自余始为之。

选自《梦溪笔谈·卷二十四》

作者：[宋] 沈括

咬文嚼字

❶高奴县：在今延安城东、延河东岸。❷惘（wǎng）惘：缓缓流出的样子。❸裛（yì）：通“浥”，沾湿。❹缶（fǒu）：一种小口大肚的陶制容器。❺淳：纯粹。❻然：同“燃”，燃烧。❼麻：指麻秆。❽松墨：用松木燃烧的烟灰制成的墨。

古文今译

鄜延境内有石油，古人所说的“高奴县出产脂水”，指的就是石油。石油产在水边，从沙石与泉水混杂的地方缓缓流出，当地人用鸡毛将其沾起，采集到陶罐里。石油看起来像黑色的纯漆，燃烧时像麻秆一样，但是烟很浓，被沾染的帷幕都变成了黑色。我怀疑烟灰很有用，就试着收集起来，将它制成墨，这种墨像漆一样闪着黑光，松墨也比不上它。我就制作了很多，墨上刻着“延川石液”文字的就是我制作的。石油以后必然会广泛流行，我对它的利用不过是个开端。

知识面面观

石油的来源

被称为“现代社会血液”的石油，是一种黏稠的深褐色液体，其主要成分为各种烷烃、环烷烃、芳香烃。它储存于地壳上层部分，形成至少需要200万年，可以说是远古生物对人类的馈赠。关于石油的形成有两种说法：一种说法是，它是古代海洋或湖泊中的生物死亡后与泥沙等物质形成的沉积层，在长期高温高压环境下转化成的液态和气态的碳氢化合物，属于生物沉积变油，不可再生；另一种说法是，它由地壳内的碳生成，与生物无关，可再生。如今，第一种说法已广泛被人们接受。

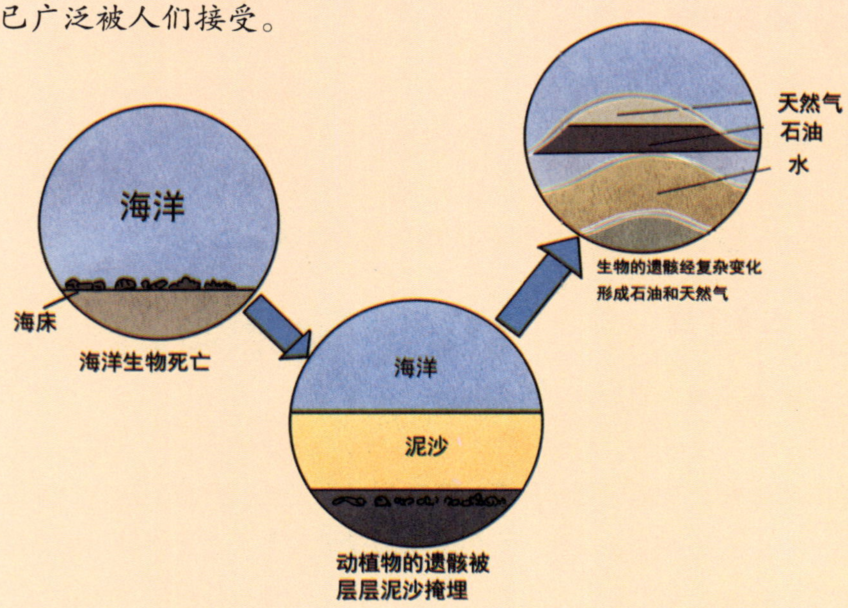

石油形成过程

陕西游玩要点

景点

- **秦始皇兵马俑博物馆：** 位于西安市临潼区东7.5公里的骊山北麓的秦始皇陵兵马俑坑遗址上，主要是秦始皇陵的陪葬俑，数量众多、规模宏大、风格浑厚。
- **大雁塔：** 位于西安市南大慈恩寺内，是唐代高僧玄奘主持修建的，为现存最早、规模最大的唐代四方楼阁式砖塔。
- **碑林：** 位于西安市碑林区，是收藏古代碑石时间最早、名碑最多的汉族文化艺术宝库，收藏有著名的《开成石经》《孔子庙堂碑》《同州圣教序碑》等。
- **华山：** 位于华阴市，号称“奇险天下第一山”“华山自古一条路”，有长空栈道、莲花峰、玉女峰等景点。
- **法门寺：** 位于宝鸡市，唐代被誉为皇家寺院，以佛塔与地宫著称，寺内有众多珍贵文物。
- **华清宫：** 位于西安市临潼区，有大量唐宫遗址和丰富的温泉资源。

美食

陕西的美食有羊肉泡馍、肉夹馍、陕西凉皮、臊子面、油泼面、锅盔、酸汤水饺、甑糕、葫芦鸡、裤带面等。

小贴士

1. 陕西气候比较干燥，旅游时要准备足量的饮用水。
2. 很多景点昼夜温差大，要注意及时更换衣物，以免身体产生不适。
3. 游玩时不要随意触碰文物，禁止拍照的地方不要偷偷拍照。

跟着沈括
游山西

溢彩流光的运城盐湖

沈括曾任翰林学士、权三司使，管理盐铁、户部、度支（规划计算开支）等事务，是最高财政长官。这段时间里，沈括格外关注事关民生根本的盐制问题，提出了改革盐法、统一盐价的主张，并对重要的产盐地——解州（今山西运城一带）进行了实地考察，同时也游览了此地的秀美风光。

解州盐泽

解州北宋时在永兴军路治下，管辖范围包括今山西运城、闻喜等地。这一带自古就是"盐贩之泽"，也是中华

民族的重要发祥地之一。

北宋时所称的解州盐泽，主要是指位于今运城南的大盐池，又称东池，也就是现在的运城盐湖。它是世界著名的内陆盐湖，面积为130平方千米，最深处约6米。这里产出的盐，颜色洁白、质味纯正、杂质少，并含有钠、钙、镁等多种元素。后来，这座“盐运之城”也因此得名“运城”。

西池与六小池

西池位于今盐湖区解州镇附近的西池，又称女盐池、小盐池，面积为17.6平方公里，平时水深2.6米，洪水时深5.8米。这里从前出产食盐，但盐味苦、量小，且停停晒晒，到了晚清就变成了一个蓄水荒滩。过去，西池附近还有永小、金井、贾瓦、夹凹、苏老、熨斗六个小池，它们的面积小、盐质差，于清光绪年间被填平禁晒，同西池一样，成了咸水荒滩。如今六小池和西池融为一体，成了保护大盐池的水库。

运城盐湖湖水中由于含盐量较高，被称为“中国死海”，是全国有名的产盐地之一，被誉为“国之大宝”。

原典精选

解州盐泽，方百二十里。久雨，四山之水悉注其中，未尝溢，大旱未尝涸。卤❶色正赤，在版泉❷之下，俚俗谓之“蚩（chī）尤血”。……唯巫咸水入则盐不复结，故人谓之“无咸河”，为盐泽之患，筑大堤以防之，甚于备寇盗。原其理，盖巫咸乃浊水，入卤中，则淤淀卤脉❸，盐遂不成，非有他异也。

选自《梦溪笔谈·卷三》

作者：[宋]沈括

咬文嚼字

❶卤（lǔ）：卤水，含盐的水。呈现红色是因为里面含有铁盐杂质。❷版泉：有研究者推测是指在硝板上凿一个坑，使得卤水汇集在一起，方便提取。硝板指白钠镁矾，由芒硝、硫酸镁等结晶而成，厚可达丈余，遍布在盐滩之上。❸卤脉：盐池的矿脉。

古文今译

解州的盐池，方圆一百二十里。长期下雨后，四面山上的水都注入盐池，池水从未溢出过，大旱时也从不干涸。硝板下的卤水是红色的，俗称“蚩尤血”。……只要巫咸河的水流入盐池，就会让盐不结晶，因此又叫“无咸河”，是盐池的大患。人们修筑大堤防备此河，比防范盗贼还小心。考察其原理，大概由于巫咸河是浊水，进入卤水中就会因淤积而沉淀，阻塞盐池的矿脉，使盐不能结晶，没什么别的奇特之处。

知识面面观

北宋制盐方法

北宋制作池盐，主要采用的是唐代创制的“垦畦（qí）浇晒法”，又称“五步产盐法”。

实际上，这种制盐方法在春秋战国时期就已经出现了，只不过工艺比较粗糙，制出的盐质量较差。到了唐代，“垦畦浇晒法”终于完善了。

该法共分五个主要步骤：集卤蒸发、过箩除杂、储卤、结晶、铲出。简单来说，就是先垦地为畦，将老滩水或卤水灌入畦中，称为“种盐”，接下来利用日光和风力来自然蒸发；然后使卤水入“箩”（硝板），以清除杂质，深度提纯；再把净化后的卤水送至储卤畦中，作为产盐的原料；接着在结晶的畦中加入淡水，搭配出咸淡均匀的卤水，使盐的质量提高，然后再灌入饱和的卤水，使晶体在盐板上不断析出；最后，用盐铲将盐从盐板上铲下来，并输送储藏。

垦畦浇晒法

黄河岸边的瑰宝——鹳雀楼

山西永济古称蒲坂，是上古时期帝尧和帝舜建都之地，是中华文明的发祥地之一。在大唐王朝，这里又是王维、柳宗元、卢纶、聂夷中、司空图等诗人的故乡，堪称人文荟萃之地。

北宋时期，永济称河中府，沈括对河中府的鹳（guàn）雀楼情有独钟，专门对描写鹳雀楼的诗歌进行了评述。

历史悠久

鹳雀楼始建于北周时期，原本是黄河东岸的一座具有军事价值的戍（shù）楼，原名“云栖楼”。后因鹳雀鸟常栖息其上，故被称为“鹳雀楼”。

鹳雀楼地势高耸，高大宏伟、气势磅礴，给人以高贵而庄重的感觉。楼的内部陈设豪华，设施齐全，登临后可以俯瞰黄河的壮丽景色。

文人交流场所

唐代时，鹳雀楼是文化交流的重要场所。每年都会有大批的文人墨客前来参观，留下了许多脍炙人口的诗篇。

这些诗篇不仅赞美了鹳雀楼的美丽，也表达了人们对自然的敬畏和对传统文化的热爱。

描写鹳雀楼的诗歌中最著名的是唐代诗人王之涣的《登鹳雀楼》：“白日依山尽，黄河入海流。欲穷千里目，更上一层楼。”文字精练，音韵优美，尺幅千里，被誉为五绝中的绝唱。正是这首诗，让鹳雀楼跻身中国古代四大名楼的行列。

重建鹳雀楼

今天的鹳雀楼是1997年重建的，采用钢筋混凝土仿古建筑设计建造而成。艺术家们还根据唐代建筑、石窟等资料特意在鹳雀楼各处画上了彩绘。这些彩绘古朴艳丽，有大唐遗风。鹳雀楼彩绘的绘制堪称中国最大的仿唐建筑油彩绘画工程。

鹳雀楼是一座具有历史和文化价值的古建筑，也是国家AAAA级景区。我们登临鹳雀楼，可以欣赏到壮观的自然风光，领略到古今文学家、建筑师与艺术家的智慧和才情。

原典精选

河中府鹳雀楼，三层，前瞻中条[1]，下瞰（kàn）大河。唐人留诗者甚多，唯李益、王之涣、畅诸三篇能状其景。李益诗曰：“鹳雀楼西百尺墙，汀洲云树共茫茫。汉家箫鼓随流水，魏国山河半夕阳。事去千年犹恨速，愁来一日即知长。风烟并在思归处，远目非春亦自伤。”王之涣诗曰：“白日依山尽，黄河入海流。欲穷千里目，更上一层楼。”畅诸诗曰：“迥（jiǒng）临飞鸟上，高出世尘间。天势围平野，河流入断山。”

选自《梦溪笔谈·卷十五》

作者：[宋] 沈括

咬文嚼字

❶ 中条：山西南部山脉，位于太行山及华山之间，山势狭长，故名中条。

古文今译

河中府有鹳雀楼，高三层，向前可仰观中条山，向下可俯瞰黄河。唐人在此楼留诗的很多，只有李益、王之涣、畅诸等人写的三篇诗歌能描绘出鹳雀楼的景致。李益的诗写道：“鹳雀楼西百尺墙，汀洲云树共茫茫。汉家箫鼓随流水，魏国山河半夕阳。事去千年犹恨速，愁来一日即知长。风烟并在思归处，远目非春亦自伤。”王之涣的诗写道：“白日依山尽，黄河入海流。欲穷千里目，更上一层楼。”畅诸的诗写道：“迥临飞鸟上，高出世尘间。天势围平野，河流入断山。”

知识面面观

四大名楼

我国历史上有四座著名的楼阁建筑，因与著名的诗人、文学家“结缘”，诞生了享誉古今的杰作而闻名于世。这四座楼阁就是江西南昌的滕王阁（因唐代文学家王勃的《滕王阁序》而闻名）、湖北武汉的黄鹤楼（因唐朝诗人崔颢的《黄鹤楼》而闻名）、湖南岳阳的岳阳楼（因宋代文学家范仲淹的《岳阳楼记》而闻名）、山西永济的鹳雀楼（因唐代诗人王之涣的《登鹳雀楼》而闻名）。

滕王阁

黄鹤楼

鹳雀楼

岳阳楼

四大名楼

山西游玩要点

景点

- **恒山：** 位于浑源县南，为五岳之一，山势险峻，保留着大量古代关隘、城堡、烽火台等，著名景点有雁门关、平型关等。
- **云冈石窟：** 位于大同市武州山南麓（lù），造像丰富、艺术表现力和感染力惊人，是中国古代石刻艺术的典范。
- **五台山：** 位于忻州市，是佛教名山，以寺院众多著称，自然景观和动植物资源也很丰富。
- **解州关帝庙：** 位于运城市解州镇，是国内始建最早、规模最大、建制最高且保存最完整的关帝庙。
- **平遥古城：** 位于平遥县，是保存最为完整的一座古代县城，具有丰富且独特的历史价值。
- **皇城相府：** 位于阳城县，是清代吏部尚书、文渊阁大学士陈廷敬的故居，被誉为“中国北方第一文化巨族之宅”。

美食

山西的美食有刀削面、平遥牛肉、太谷饼、猫耳朵、太原头脑、定襄蒸肉、过油肉、闻喜煮饼、阳城杂割等。

小贴士

1. 山西平均海拔较高、山路较多，乘车前备好晕车药。
2. 山西早晚温差大，夏天出游时也要备好长袖衣裤。
3. 山西景点之间距离较远，如果想多去一些景点，要妥善安排时间。

跟着沈括
游山东

亦真亦幻的登州海市蜃楼

登州，是中国历史上的一个州，地处山东半岛，辖境包括今天的烟台市的蓬莱区和牟平区、龙口市、威海市文登区等。由于我国自古就有“海上多神仙”的说法，蓬莱也是传说中的“三神山”之一，再加上神秘缥缈的海市蜃（shèn）楼，登州被蒙上了浓浓的神秘色彩。沈括在《梦溪笔谈》中也记录了登州及高唐县的海市蜃楼。

古人的想象

《史记·天官书》中有关于海市蜃楼的记载：“海旁

蜄（shèn）（蜃）气象楼台，广野气成宫阙然。云气各象其山川人民所聚积。”

当时人们认为海市蜃楼是蛟龙和巨蜃吐气造成的。蜃是传说中的一种动物，它吐出的气能变幻成山水人物、亭台楼阁等。

虽然我们都知道海市蜃楼只不过是远处物体被光折射和全反射后而形成的一种自然现象，但从古至今，它带有的神秘色彩仍被人们津津乐道，是难得一见的奇幻景观。

登州的海市蜃楼

登州的海市蜃楼最广为人知，不仅沈括对其进行了记载，苏轼的诗歌《登州海市》、明代小说《警世通言》等作品中也提到过。

沈括记载，在登州的海面上，海市蜃楼经常出现。这些幻景通常呈现出宫室、台观、城堞（dié）、人物、车马、冠盖等形状，并且历历可见。

在大诗人苏轼的笔下，登州海市更是神奇壮观。苏轼在《登州海市》中写道："重楼翠阜出霜晓，异事惊倒百岁翁。……斜阳万里孤鸟没，但见碧海磨青铜。"而在《警世通言》中，登州海市和钱塘江潮、广德市太极洞和雷州换鼓祭礼并称"天下四绝"。

高唐县"海市"

沈括在《梦溪笔谈》中写道：欧阳修出使河朔时，曾路过高唐县，夜间在驿馆的房屋中听到有鬼神从天空中经过，车马人畜的声音都能听得很清楚。本地的老人也说："二十年前曾在白天路过这个县，也能清楚地看见人与物。"当地人也把这种景象称为"海市"。可见，海市蜃楼的现象不仅出现在海上，也会出现在陆地上。可惜的是，此时的海市蜃楼在沈括笔下还是一种不知其因的神秘现象。

今天，人们已经弄清了海市蜃楼出现的原理。如果你到蓬莱旅游，登临蓬莱阁时，不妨眺望一下海上，没准就能看到神奇的海市蜃楼呢。

原典精选

登州海中，时有云气，如宫室、台观、城堞❶、人物、车马、冠盖❷，历历可见，谓之“海市”。或曰：“蛟蜃之气所为”，疑不然也。欧阳文忠曾出使河朔❸，过高唐县，驿舍中夜有鬼神自空中过，车马人畜之声一一可辨，其说甚详，此不具纪。问本处父老，云：“二十年前尝昼过县，亦历历见人物。”土人亦谓之“海市”，与登州所见大略相类也。

选自《梦溪笔谈·卷二十一》

作者：[宋] 沈括

咬文嚼字

❶ 城堞：城上的矮墙。❷ 冠盖：本意指帽子和车盖，这里指仪仗队伍。❸ 河朔：泛指黄河以北的地区。

古文今译

登州的海面上，时常会出现云气，看起来像宫室、台观、城堞、人物、车马、冠盖等，且都历历可见，称为“海市”。有人说“海市是蛟龙、巨蜃之气幻化出来的”，我怀疑并非如此。欧阳修曾经出使河朔，路过高唐县，在驿舍中过夜时，看到有鬼神从空中经过，还能清晰地听到车马、人畜的声音，他说得很详细，我就不细说了。我问过当地的父老，他们回答说：“二十年前，鬼神曾在白天从县里经过，人和物也清晰可见。”当地人都称它为“海市”，和登州海市大略相仿。

知识面面观

海市蜃楼的成因

在自然界，光在均匀的介质中通常是沿着直线传播的，如果光的介质密度发生了变化，光传播的路线也会随之改变。而海市蜃楼，正是远处景物经过太阳光线的折射、全反射后，在空中或者地平线以下形成的一种奇异幻景。当这种奇幻景象映入观察者的眼帘时，就成了人们看到的海市蜃楼。海市蜃楼的形成有着苛刻的条件，可谓可遇而不可求，因此能目睹这一奇景的人是非常幸运的。

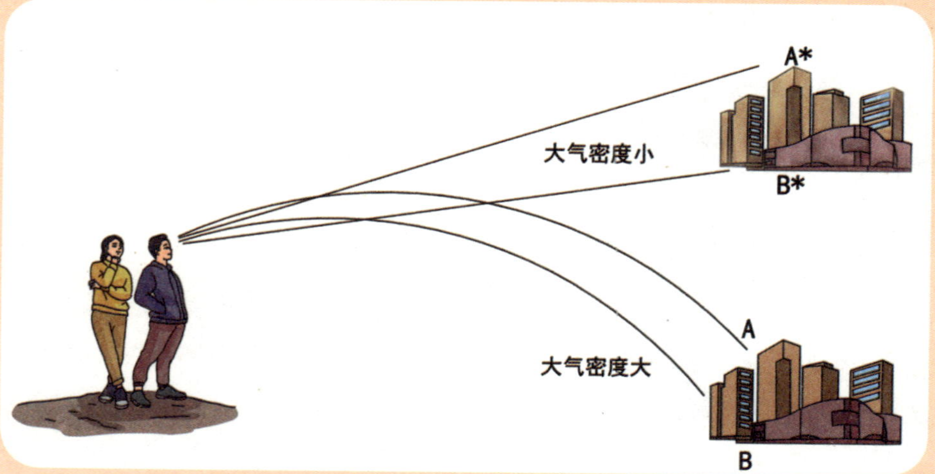

海市蜃楼形成示意图

奇异的岠嵎山

北宋登州的辖境内，有一座岠（jù）嵎（yú）山（《梦溪笔谈》中作巨嵎山），位于今威海乳山。这是一座知名度较小的山，之所以能引起沈括的注意，主要是因为一场奇特的地震。

“天然石雕园”

岠嵎山的山地中间有“人”字形峡谷，这也是山名的由来：“岠”即大山之意，“嵎”指山弯曲的地方。

岠嵎山为乳山市和海阳市的界山，还是国家级森林公园，植被茂密，植物资源丰富。山势奇特险峻，山上怪石嶙峋：有形如骆驼、神态生动的骆驼峰；有恍如天外飞来、摇摇欲坠的“飞来石”；有形似一名袒胸露腹的将军的将军石；有看起来像一个躺卧着的猿人的“千古猿人”石等。这些鬼斧神工的怪石，为岠嵎山赢得了“天然石雕园”的美誉。

岠嵎山地震

岠嵎山所在的位置没有深大的活动断裂，发生过的破

坏性地震都是外围影响造成的，震灾很少。但是，北宋庆历六年（1046年），登州一带发生了地震，岠嵎山遭到严重的破坏，海中发出了炸雷一样的响声，震得大量山石滚入海中。

最惊人的是，这次地震带来的滚石和海底的轰鸣持续了五十年之久。这在世界地震史上是非常罕见的。正是这场惊心动魄、历时长久的地震，塑造了岠嵎山那千奇百怪的巨石。如今我们依然可以在山坡上看到当年因地震而坠落的累累巨石。

现在，岠嵎山已经离海边有数千米了，不由让人发出“沧海桑田”的感慨。我们登临岠嵎山，不仅能够观赏到千奇百怪的巨石，也能呼吸到新鲜纯净的空气。

原典精选

登州巨嵎山，下临大海。其山有时震动，山之大石皆颓❶入海中。如此已五十余年，土人皆以为常，莫知何谓❷。

选自《梦溪笔谈·卷二十一》

作者：[宋] 沈括

咬文嚼字

❶颓：崩坏，倒塌。❷莫知何谓：不知道为什么会这样。

古文今译

登州的岠嵎山，下方濒临大海。岠嵎山有时会发生震动，山上的大石崩坏之后坠入海中。这种情况已经持续五十多年了，当地人都习以为常了，谁也不知道为什么会这样。

知识面面观

奇山怪石的成因

大自然中的风沙和水等，无时无刻不在改变着山与岩石的外形。虽然短时间内看不出变化，但是经过数万年甚至更长时间的风雨剥蚀，山体和岩石都可能改变形状，并恰好在我们生活的年代展现出奇特的样貌。此外，树木的生长、地壳的运动等，也可能使山峰和岩石发生变化。

山东游玩要点

必打卡景点

- **泰山**：位于泰安市，号称“五岳之首”，以泰山日出、云海玉盘、晚霞夕照、黄河金带等景观著称。
- **孔府、孔庙、孔林**：位于曲阜市，是在儒家创始人孔子故居的基础上扩建而成的，规模宏大、庄严肃穆。
- **趵突泉**：位于济南市历下区，因水质甘美得到“天下第一泉”的美誉。
- **千佛山**：位于济南市历下区，以山上石佛雕刻众多而著称。
- **微山湖**：位于济宁市微山县南部，湖中有微山岛等岛屿，风景秀丽，还是著名的铁道游击队的重要活动场所。
- **水泊梁山**：位于梁山县东南，山势险峻，山上遍布古代起义军遗址和遗迹。

必打卡美食

山东的美食有德州扒鸡、九转大肠、把子肉、甏（bèng）肉干饭、煎饼卷大葱、单县羊肉汤、蓬莱小面、葱烧海参、一品豆腐、四喜丸子等。

小贴士

1. 山东省气候环境多样，去心仪景点旅游前要先了解当地的气候状况，合理安排穿着。
2. 在出发前要做好攻略，例如尽量不要在节日时选择热门景点。